AI 라이프 크리에이터

AI총서

인공지능 시대입니다. 기계가 인간의 인지를 대신하고, 사물이 인간을 통하지 않고 다른 사물과 직접 커뮤니케이션합니다. 이에 따른 인간 삶과 문명 변화를 정확히 이해 · 예측 · 대응하는 것은 이 시대 우리 모두의 과제입니다. AI총서는 인공지능 기술과 환경의 여러 주제를 10가지 키워드로 정리합니다. 관련 개념과 이론, 학계와 산업계의 쟁점, 우리 일상의 변화를 다룹니다. 인간과 기술의 현재, 미래를 세심히 분석합니다.

일러두기

- 인명, 작품명, 저서명, 개념어 등은 한글과 함께 괄호 안에 해당 국가의 원어를 병기했습니다.
- 외래어 표기는 현행 어문규정의 외래어표기법을 따랐습니다. 다만 '팔로워', '솔루션' 등은 관행을 따랐습니다.

처음이세요?

전문가세요?

AI 라이프 크리에이터

김연지

대한민국, 서울, 커뮤니케이션북스, 2025

AI 라이프 크리에이터

지은이 김연지
펴낸이 박영률

초판 1쇄 펴낸날 2025년 12월 8일

커뮤니케이션북스(주)
출판 등록 2007년 8월 17일 제313-2007-000166호
02880 서울시 성북구 성북로 5-11
전화(02) 7474 001, 팩스(02) 736 5047
commbooks@commbooks.com
www.commbooks.com

ISBN 979-11-430-1249-4 03500

책값은 뒤표지에 표시되어 있습니다.

차례

질문으로 나를 설계하다

신의 영역에서 인간의 영역으로: 질문의 힘이 만드는 창의성

그리스·로마 시대 사람들은 창의성을 신의 영역으로 여겼다. 인간은 단지 신의 계시를 모방하는 존재일 뿐이라고 생각했다. 그런데 르네상스를 거치며 흥미로운 변화가 일어났다. 창의성이 더 이상 하늘에서 떨어지는 것이 아니라, 훈련과 노력으로 키워 나가는 인간의 능력이라는 인식이 퍼진 것이다.

지금 우리가 살고 있는 AI 시대는 어떨까? 챗지피티(ChatGPT)가 시를 쓰고, 미드저니가 그림을 그리고, AI가 음악을 작곡하는 시대다. 어쩌면 창의성이 다시 기계의 영역이 되는 건 아닐까?

아니다, 오히려 그 반대다. AI가 발달할수록, 인간만이 가진 창의성의 본질이 더욱 명확해지고 있다.

나는 과연 어떤 사람인가

AI 시대가 본격화된 지금, '나는 과연 어떤 사람인가'라는 질문은 새로운 의미를 갖는다. 정보는 넘쳐나고, 답은 AI가 대신해 주는 세상. 그 안에서 나답게 살아가는 법, 그리고 나만의 목소리로 나다운 인생을 설계하는 방법은 무엇일까?

한번 생각해 보자. 창의력은 정말 예술가만의 전유물일까? 연구자가 새로운 가설을 세울 때, 기업가가 기존에 없던 비즈니스 모델을 만들 때, 개발자가 혁신적인 서비스를 구상할 때, 교사가 아이들에게 새로운 방식으로 지식을 전달할 때—모두 창의성이 필요하다. 반복된 경험 속에서, 혹은 예상치 못한 문제 앞에서 사람은 패턴을 깨고 새로운 조합을 시도한다. 이때 중요한 건, '새로운 질문'이다.

AI는 조합하지만, 인간은 창조한다

AI는 기존 패턴을 학습하고 조합하는 데 뛰어나다. 하지만 완전히 새로운 발상을 만드는 건 여전히 인간의 몫이다.

이 책은 11년차 기자 출신이자 5년차 커뮤니케이션 팀장으로서 일하면서, 유튜브와 다양한 소셜 네트워크

서비스(SNS)를 통해 디지털 · AI 문해력 향상에 힘쓰고 있는 저자가 업무와 일상에서 퍼스널 브랜딩을 구축하고 나다운 인생을 창조해 나가는 AI 라이프 크리에이팅을 주제로 한다. 단순히 AI를 잘 쓰는 방법을 넘어서, 그 기술을 통해 어떻게 나를 표현하고, 나만의 콘텐츠를 만들 수 있을지에 대해 말한다. 그 핵심은 '질문하는 능력', 그리고 그 질문을 통해 창의적 사고의 회로를 여는 힘이다.

AI가 나를 대신해서 글을 쓰고, 아이디어를 제시하고, 콘텐츠를 만드는 시대에, 인간의 역할은 무엇일까? 바로 '선택'과 '조합', 그리고 고유한 '취향'과 끝없는 '창조'다. 크리에이티브 디렉터처럼 우리는 다양한 아이디어 중 최고의 것을 선택하고, 조화롭게 연결하는 일을 해야 한다. 그 중심에는 나만의 가치관과 감정, 경험이 있다.

창의성은 "양극단을 연결하는 데서 태어난다"는 말이 있다. AI는 통계적으로 그럴듯한 조합을 잘하지만, 인간은 조금은 엉뚱하면서도 기발하고 예측 불가능한 것들을 연결해 새로운 길을 만들어 낸다. 실패를 감수하면서도 새로운 것을 시도하는 태도, 이것이 인간만의 창의성이다.

AI 시대에도 사람은 사람과 연결된다

AI가 아무리 발달해도, 사람만이 줄 수 있는 감정과 진정성은 대체될 수 없다. 나의 경험, 고민, 실수, 감동이 담긴 콘텐츠야말로 진짜 퍼스널 브랜딩이 될 수 있다.

이 책은 단지 정보를 제공하는 데서 끝나지 않는다. AI 커뮤니케이터로 활동하는 저자의 실제 경험을 바탕으로, 질문을 어떻게 던지고, 그 질문이 어떻게 나만의 콘텐츠로 연결되는지를 보여 준다.

AI 시대에 질문하는 능력이 더욱 절실한 이유는 무엇일까? 질문은 우리가 누구인지를 정의하고 우리의 삶을 어떻게 만들어 나갈 것인지를 결정하는 힘이다. AI가 정보를 제공하고 답변을 만들어 내는 시대일수록, 그 답변을 어떻게 해석하고 활용할 것인지, 그리고 그것이 과연 나의 삶에 의미 있는가를 판단하는 것은 전적으로 인간의 책임이다.

이 책을 읽으면서 당신은 어떤 질문을 던져야 하는지, 그 질문들이 어떻게 나만의 창의적 이야기로 변환되는지를 경험하게 될 것이다. 저자의 경험담과 구체적인 사례들을 통해, 당신은 AI를 나의 창의성을 확장하는 도구로 만드는 방법을 발견할 수 있을 것이다.

완벽한 정답은 마음을 움직이지 않는다

우리는 종종 AI가 내놓는 빠르고 완벽해 보이는 답변에 압도되곤 한다. 하지만 잊지 말아야 할 사실이 있다. 완벽한 정보나 논리적인 텍스트가 반드시 사람의 마음을 움직이는 것은 아니라는 점이다.

사람의 마음을 흔드는 것은 틈새에서 나온다. 당신이 겪은 시행착오, 논리로는 설명되지 않는 독특한 취향, 그리고 그 과정에서 피어난 당신만의 서사(Narrative)가 AI의 차가운 알고리즘에 온기를 불어넣는다. AI는 1초 만에 수만 가지의 정답을 제시할 수 있지만, 그중 무엇이 지금 우리의 상황에 가장 적절한지, 무엇이 사람들에게 위로와 영감을 줄 수 있는지를 판단하는 것은 결국 당신의 몫이다.

이 책에서 다루는 'AI 라이프 크리에이팅'은 급변하는 기술에 주눅 드는 것이 아니라, 기술을 발판 삼아 더 높이 뛰어오르는 과정이다. AI라는 강력한 엔진을 장착하되, 핸들은 당신이 꽉 쥐고 있어야 한다. 그 핸들을 쥐는 힘이 바로 앞서 강조한 '질문력'이며, 목적지를 정하는 힘이 바로 '퍼스널 브랜딩'이다.

당신의 질문이 유일한 지도다

이제 우리는 거대한 변화의 파도 위에 서 있다. 이 파도에 휩쓸려 갈 것인가, 아니면 파도를 타고 새로운 세상으로 나아갈 것인가. 두려움을 호기심으로 바꾸고, 막막함을 설렘으로 바꾸는 열쇠는 이미 당신 손에 쥐어져 있다.

지금, 질문을 시작하라. 이 책은 바로 그 능력을 기르기 위한 첫걸음이자, 당신의 항해를 돕는 나침반이 되어 줄 것이다.

AI가 실시간, 멈추지 않고 대답하는 시대, 우리는 끊임없이 질문을 던져야 한다. AI가 무한한 콘텐츠를 쏟아내는 시대, 우리는 그 안에 고유한 의미를 부여해야 한다. AI가 세상을 초연결로 묶어 주는 시대, 우리는 그 연결망 속에서 진정성으로 소통해야 한다. 그것이 변화하는 세상 속에서 길을 잃지 않고 나답게 살아가는 가장 확실한 방법이 될 것이다.

AI 시대에 창의성은 기계의 영역이 될까? 아니다. 오히려 인간만이 가진 창의성의 본질, 그 대체 불가능한 빛이 더욱 명확해지고 있다.

질문은 당신의 정체성을 드러내고, 당신이 원하는 삶을 설계하는 가장 강력한 무기다. AI가 답을 주는 시대, 인간은 끊임없이 질문해야 한다.

질문을 시작하는 그 순간, 당신은 이미 AI 시대의 주인이자 대체 불가능한 라이프 크리에이터다. 이제, 그 여정을 함께 시작해 보자.

01
AI 시대, 삶의 주도권을 되찾는 첫 질문

한국고용정보원은 국내 직업 종사자의 61.3%가 AI · 로봇으로 대체 위험이 높으며, 또 2년 내 평균 직무 대체율은 66.71%가 될 것으로 예측했다. 구글 등 글로벌 기업은 AI 도입으로 광고와 운영 부문 약 3만 명 규모의 인력 감축을 발표했다. “AI가 내 일자리를 뺏을까?”라는 불안감과 함께, 현장에서는 다른 변화가 나타나고 있다. AI를 통해 카피라이팅, 광고 소재 제작 시간은 줄고, 전략 기획, 브랜드 설계 등 고차원 업무에 많은 시간이 배정된 모습은 더 이상 낯선 풍경이 아니다.

기후 위기와 인공지능?

"당신의 하루는 어떻게 시작하나요?": 기술이 나를 이끄는가, 내가 기술을 움직이는가

아침 7시의 풍경: 우리도 모르게 스며든 '자동화된' 하루의 시작

알람과 동시에 스마트폰을 켜면 AI 비서가 날씨 · 일정 · 맞춤형 뉴스를 큐레이션한다. 지하철역으로 향하는 길에는 실시간 교통 예측 알고리즘이 제안한 최적 경로를 따른다. 사무실에 도착하자마자 AI가 밤새 작성해 둔 보고서 초안이 메일함에 대기하고 있다.

점심시간, 동료와 나누는 대화는 늘 비슷하다. "AI가 너무 똑똑해져서 무서워. 이제 글도 보고서도 AI가 쓰고, 그림도 AI가 더 잘 그리고, 영상도 음악도 AI가 다 하는데, 우리 일도 곧 사라지는 거 아닐까?", "그러게. 그러고 보니 청소랑 빨래 개는 것만 우리가 하네…. 그럼 우리는 대체 뭘 해야 할까?"

이 대화에서 주목할 점이 있다. 걱정과 두려움이 앞서지만, 우리는 여전히 질문을 던지고 있다는 사실이다. 기술 자체를 묻는 것이 아니라 '다음 행동'을, '해결책'을 묻고 있다. 우리는 이미 본능적으로 알고 있다. 질문이야말로 변화의 첫 단추라는 것을.

자동화의 빛과 그림자: 위기가 아니라 설계의 기회다

산업혁명은 노동력을 기계에 맡겼다. AI 혁명은 사고의 일부를 자동했다. 하지만 이것은 위기일까? 기회일까?

2023년 스탠퍼드-MIT 공동 연구팀이 발표한 흥미로운 데이터가 있다. AI 지원 고객 센터는 처리 속도를 14% 높였지만, 고객 만족도를 결정한 최종 요소는 여전히 '상담원의 공감 능력'이었다. 기술이 효율을 담당하고, 인간이 의미를 만드는 협업 구조가 이미 현실에서 작동하고 있다는 증거다.

반복 업무에서 해방된 인간에게 남은 것은 어쩌면 "무엇에 집중할 것인가"라는 질문의 여백이다.

변호사들 사이에 이런 농담이 있다. "AI 시대에 변호사가 사라질 직종 1순위라고? 천만에. 의뢰인은 언제나 멱살 잡을 누군가가 필요하다."

기술이 법조문을 검색하고 판례를 분석할 수는 있지만, 의뢰인의 절망을 이해하고 최선의 전략을 설계하는 것은 여전히 사람의 몫이다. 결론은 명확하다. 인간은 AI가 하지 못하는 것을 더 잘해야 한다.

직'장'보다 직'업' – 정체성이 경쟁력이다

평생 한 회사에 머무르는 것이 당연하던 시대는 끝났다.

표 1-1. AI와 인간의 영역

AI가 대체 중인 영역	인간만이 수행 가능한 영역
• 정형 데이터 분석·보고서 작성 • 패턴 인식·예측 모델링 • 단순 반복적 의사 결정	• 진정성 있는 공감·소통 • 윤리적 판단과 책임 • 창의적 상상·문제 재정의 • 고차원 질문 설계

한국고용정보원 조사에 따르면 MZ 세대의 첫 직장 평균 근속 기간은 2.9년으로, 이는 조직 충성도보다 개인 성장을 우선시하는 세대적 전환을 보여 준다.

사람들이 던지는 질문도 달라졌다. 더 이상 사람들은 "어디에 다니세요?"라고 묻지 않는다. 대신 "'무슨 일'을 하세요?"라고 묻는다. 이 변화가 중요한 이유는 명확하다. 소속이 아닌 문제 해결 능력이 정체성을 정의하기 때문이다.

만약 누군가 당신에게 "무슨 일을 하세요?"라고 묻는다면, 어떻게 대답하겠는가? "'어떤 문제'를 '왜', '어떤 방식'으로 해결하고 있다"고 답할 수 있다면, 상대방은 당신의 가치관과 정체성을 즉시 이해할 것이다.

AI 시대 정체성 설계의 3요소

역할 · 정체성 · 브랜드는 새로운 경쟁력을 창출하는 황금 삼각 구도다.

역할: "나는 어떤 문제를 해결하는 사람인가?"

정체성: "나는 왜 이 일을 하는가?"

브랜드: "타인은 나를 통해 어떤 가치를 얻는가?"

필자의 경우를 예로 들어 보자.

역할: 11년 기자 출신의 현장 경험과 AI 도구 실전 활용 노하우를 바탕으로, 복잡한 기술을 일상에 적용 가능한 콘텐츠로 번역한다. AI로 실행을 , 질문으로 방향을 제시하는 라이프 기획자다.

정체성: '질문하는 능력이 곧 삶을 설계하는 능력'이라는 신념으로, 사람들이 자신의 나다움을 회복하고 삶을 주도적으로 살아가도록 돕는다. 기자이자 작가, 두 아이의 엄마로서 의미 있는 삶의 방향성을 나눈다.

브랜드: 유튜브 · SNS · 뉴스레터 · 강의를 통해 '즉시 적용

가능한 AI 활용법', '본질을 꿰뚫는 질문 설계', '실행 가능한 자기 설계 루틴'을 제공한다. 정보가 아닌 실천, 이론이 아닌 경험을 전달하는 것이 브랜드의 핵심이다.

AI가 기존 업무와 도구를 평준화할수록, 정체성 설계는 차별화의 마지막 보루가 된다. 그렇다면 여기서부터 질문해 보자. '정체성 설계'는 도대체 어떻게 시작해야 할까?

질문 없이는 한 발짝도 움직이지 않는 AI

검색 한 번이면 수백만 개의 답이 쏟아지는 시대다. 이제 경쟁력은 '얼마나 많이 아는가'가 아니라 '무엇을, 어떻게 질문하는가'에 달려 있다.

챗GPT든 클로드(Claude)든, AI는 값비싼 슈퍼컴퓨터지만 질문 없이는 한 발짝도 움직이지 않는다. 하지만 질문의 깊이가 달라지면 결과물의 품질도 달라진다.

하워드 가드너 하버드대학교 교수는 인간의 지능을 '문제를 해결하거나 문화에서 가치 있게 여겨지는 산물을 창조하는 능력'으로 정의했다. 그는 AI 시대에도 인간 고유의 능력이 핵심이라며, 특히 '상자 밖에서 생각하는 창조적 사고와 방대한 정보를 종합하는 능력'을 강조한

표 1-2. 세 가지 질문 프레임

프레임	과거의 질문	AI 시대 질문	핵심 전환점
Why	"무엇을 할 수 있나?"	"왜 이 문제를 해결해야 하나?"	목적과 미션을 선명하게 정의한다.
How	"어떻게 빨리 끝낼까?"	"AI와 협업해 더 나은 방식을 설계할 수 있을까?"	속도보다 'AI-인간 조합'의 효율을 중시한다.
Who	"어디에 소속됐나?"	"누구와 가치를 교환하며 성장할 것인가?"	소속이 아닌 파트너십·커뮤니티를 자산으로 삼는다.

다.

2400년 전 소크라테스가 제시한 '질문을 통한 지혜 추구'가 그 어느 때보다 절실한 이유다. 기존 문제 정의를 뒤집고 새로운 관점으로 접근하는 질문 재정의 능력이야말로 AI가 모방할 수 없는 인간만의 고유 영역이다.

Why-How-Who: 새로운 경쟁력의 프레임

앞으로의 경쟁력은 위 세 가지 질문 프레임으로 측정된

다. 각각은 과거의 사고방식을 넘어, AI와 공존하는 미래형 전략을 요구한다.

이는 단순히 사고의 방식만을 바꾸는 것이 아니다. AI가 복제할 수 없는 고유한 인간다움, '나는 누구인가'를 정의하고 실천하는 방식 자체가 달라진다. 결국 이 질문들은 하나의 방향으로 수렴한다. 우리는 누구나, 자기 삶의 설계자이자 실행자여야 한다는 것.

바로 여기서 퍼스널 브랜딩은 새롭게 정의된다. 그것은 더 이상 예쁘게 포장된 이력서가 아니라, 끊임없이 질문하고, 일관되게 실행하며, '나는 왜 존재하는가'를 언어화하는 자기 설계의 과정이다.

실전 예시: 필자의 질문 설계 과정

Why: 문제의 본질을 묻는 질문

"나는 왜, 이 질문을 던지기 시작했는가?"

취재와 보도가 루틴이 된 어느 순간, "나는 누구에게, 어떤 질문을 하고 있는가?"라는 근본적 의문이 들었다. 사람들이 질문을 던지지 않는다는 것, 아니 던질 여유도 방법도 모른다는 것을 깨달았다.

단순히 세상을 기록하는 데서 그치지 않고, 사람들이 스스로 삶을 설계할 수 있도록 질문을 열어 주고 싶다는 바람이 생겼다.

> "지금 이 변화에 응답하지 않는다면, 나는 누구인지, 왜 이 일을 하는지조차 흐려지진 않을까?"

AI 시대가 열리고 정보는 쏟아지지만 삶의 방향은 흐릿해지는 지금, '기자'라는 타이틀에만 머문다면 질문이 아닌 속도에 휘둘리는 콘텐츠만 양산하게 될 것이다. AI 격차는 곧 사회 문제가 될 텐데, 이를 해결하려면 결국 질문을 던지는 수밖에 없다.

그래서 질문으로 삶을 설계하게 돕는 'AI 커뮤니케이터', '라이프 크리에이터'를 지향하게 됐다.

How: 실행 방식을 설계하는 질문

> "AI와 협업해, 더 나은 방식으로 질문을 던질 수는 없을까?"

단순히 '기술을 설명하는 사람'이 아니라, 누구나 쉽게 AI를 일상에 적용할 수 있도록 기술과 삶 사이에 다리를 놓는 사람이 되고 싶었다. 그래서 프롬프트, 스레드, AI 툴킷 같은 실전 콘텐츠를 설계하며, 반복 가능한 루틴과 실행 전략을 구축해 왔다.

"내가 사람들을 돕는 방식은 무엇이고, 어떻게 확장 가능한가?"

결국 내가 만든 콘텐츠의 본질은 '질문을 설계하고, AI로 즉시 실행하도록 이끄는 구조화된 안내'였다. 그 방식이 뉴스레터가 되고, 클래스가 되고, 챌린지가 되었으며, 지금도 그 구조를 기반으로 확장하고 있다.

Who: 연결과 성장의 방향을 묻는 질문

"나는 지금 누구와 연결되어 있는가?"

내 콘텐츠는 단순히 정보를 전하는 것이 아니라, 실행하고 싶은데 방법을 몰랐던 사람들, AI를 두려워하면서도 가능성을 느끼는 사람들, 스스로를 재정의하고 싶은 사람들과 연결되고자 한다.

"이 질문을 함께 던질 수 있는 사람은 누구인가?"

매일 '함께 질문할 수 있는 사람들'과 연결되기를 꿈꾼다. 뉴스레터 독자, 유튜브 시청자, '모닝레시피' 다이어리를 함께 쓰는 사람들. 함께 질문하고 함께 설계하는 그 연결이 '기자김연지' 브랜드의 진짜 본질이다.

질문력은 설계력 — 뇌 과학이 증명한 질문의 힘

유니버시티 칼리지 런던(UCL, University College London) 뇌 과학 연구진의 연구에 따르면, 호기심을 자극하는 질문은 도파민 분비를 촉진해 집중력과 기억력을 강화한다. 질문은 곧 행동을 유도하는 촉진제인 셈이다.

AI 시대에는 이 원리를 더욱 전략적으로 활용할 수 있다. 단순히 프롬프트만 입력하고 끝나는 것이 아니라, '역(逆)프롬프트'로 질문의 방향을 거꾸로 설계해 보는 것이다.

역프롬프트 : 결과에서 질문을 찾는 학습법

일반적인 AI 활용: 질문(프롬프트) → 결과물

역프롬프트: 결과물 → 질문 추론 → 나만의 프롬프트 라이브러리

예를 들어 다른 사람이 만든 고퀄리티 이미지나 문장을 보고 감탄했을 때, 단순히 '좋다'고 넘어가지 말고 "어떤 프롬프트가 이런 결과를 만들어 냈을까?"를 AI에게 질문해 보는 것이다.

이 과정을 반복하면 프롬프트 설계 능력과 언어적 감각이 자연스럽게 향상된다. 결과물 속 톤, 형식, 키워드, 구조를 분석하며 역설계된 프롬프트를 구축하고, 이를 나만의 레퍼런스로 축적할 수 있다.

마치 훌륭한 문장을 필사하며 문장력을 기르듯, 좋은 프롬프트도 '역프롬프트'를 통해 학습하고 재활용할 수 있다.

실전: 하루 5분, AI 질문 루프

Step 1 – 관찰

오늘 AI가 대신한 업무를 목록화한다.

Step 2 – 분리

"AI가 할 수 없는 일은 무엇인가?"를 분류한다.

Step 3 – 질문

Why-How-Who 프레임으로 고유 가치를 정의한다.

Step 4 – 실험

내일 AI에게 위임할 새로운 작업 한 가지를 설정한다.

Step 5 – 회고

'내가 설계한 가치'가 제대로 전달됐는지 하루 3줄 피드백을 기록한다.

> 프롬프트 템플릿
>
> "나는 [핵심 목표]를 위해 오늘 [AI에게 위임 작업]을 진행했습니다. 성과를 요약하고, AI가 하지 못한 '공감 · 창의 · 윤리 요소' 개선안을 3가지 제안해 주세요."

설계는 지금 시작된다

질문하지 않는 사람은 아무것도 바꾸지 못한다. 오픈AI(OpenAI) CEO 샘 올트먼이 "AI 발전 속도가 인간 적응 속도보다 빠르다"라고 경고한 이유도 여기 있다. 기술이 빨라질수록, 인간만의 고유 영역인 질문 설계 능력은 더욱 중요해진다.

변화는 이미 시작됐다. 이제 선택할 시간이다.

AI 시대의 구경꾼으로 남을 것인가, 아니면 질문으로 무장한 라이프 크리에이터가 될 것인가? 지금, 바로 이 순간부터 나만의 설계를 시작하라.

질문 노트

매일 저녁 5분, 이 세 가지 질문에 답해 보자.
AI 없이 하루를 설계한다면, 첫 번째 질문은 무엇인가?
반복 업무를 AI에 맡기고 내가 반드시 해야 할 질문은 무엇인가?
"나는 왜 이 일을 하는가"를 한 문장으로 정의해 보라.

참고문헌

한국고용정보원(2022). "MZ세대가 3년 이내 직장을 떠나는 이유". https://service.prism.work/insight/?bmode=view&idx=12330531

Brynjolfsson, E. et al.(2023). Generative AI at work: Evidence from customer support. Stanford-MIT Working Paper. https://siepr.stanford.edu/publications/working-paper/generative-ai-work

Scott, S.(2018). *The neuroscience of question-driven learning.* University College London. https://www.biorxiv.org/content/10.1101/2023.05.17.540372v2.full.pdf

02
질문력, AI 시대 본질을 꿰뚫는 힘

챗GPT 출시 2년, 우리는 답이 넘쳐나는 시대에 살고 있다. 동시에 정작 중요한 순간 무엇을 어떻게 물어야할지 모르는 '질문 부족'의 시대이기도 하다. 이번 장에서는 기자 · 컨설턴트 · 전략가의 질문법을 통해 AI 시대 진짜 경쟁력인 '질문 설계 능력'을 익혀 보자. 질문의 깊이가 곧 결과의 해상도를 결정한다. 좋은 질문은 AI를 도구에서 사고 파트너로 바꾼다.

노래하는 AI 보컬?

AI 시대 = 질문의 수준이 곧 인간의 깊이이자 경쟁력인 시대

정보를 많이 아는 것만으로는 더 이상 차별화되지 않는다. 이제는 '무엇을 할 것인가'보다 '왜', '어떻게', '누구와'라는 질문을 던지는 사람만이 기회를 설계하고 변화를 주도한다. AI의 능력은 결국 그것에게 주어지는 질문의 한계를 넘지 못한다. AI 시대의 진짜 출발점은 '질문력'이다.

하지만 AI에게 효과적으로 질문하려면 어떻게 해야 할까? "구체적으로 써라" 같은 단편적 요령만으로는 부족하다. 질문이 다루는 범위가 넓고, 목표가 서로 다르기 때문이다. 여기서는 AI 프롬프트의 핵심 원칙을 기자 · 컨설턴트 · 전략가 세 가지 직업의 질문법에 빗대어 풀어낸다.

기자의 질문법: 본질을 꿰뚫는 힘은 구조에서 시작된다

기자는 질문으로 일한다. 단순히 사실을 묻는 것이 아니라, 사실의 이면과 본질을 향해 파고든다.

현장에서 배운 질문의 윤리

현장에서 기자는 취재 윤리와 진실 사이에서 끊임없이 줄타기를 한다. 취재원과의 신뢰와 긴장 사이, 독자의 알권리와 사생활 보호 사이에서 늘 균형을 고민한다. 질문은 그 균형을 지켜줄 수 있는 가장 강력하고 유일한 도구다.

기자에게 질문은 탐색이자 검증이며, 이면을 꿰뚫는 도끼로 작용한다. AI가 아무리 방대한 정보를 제공한다 해도, 그것이 언제나 정확하거나 신뢰할 만하다고 확신할 수는 없다. 그래서 더욱 질문이 중요하다. 정확한 정보를 찾는 것을 넘어, 이 정보의 본질을 꿰뚫기 위해서다.

기자의 3단계 구조화 질문법

취재원과의 신뢰, 독자의 알권리, 사생활 보호 사이에서 균형을 잡기 위해 기자는 구조화된 질문을 사용한다.

- 탐색: "이 사건의 배경은 무엇인가?"
- 검증: "그 수치의 근거를 증명할 문서는 있는가?"
- 위협: "그렇다면 우리가 놓치고 있는 더 큰 위험은 무엇인가?"

표 2-1. 컨설턴트의 3단계 문제 해결 프레임

단계	핵심 질문	의도	산출물
배경 탐색	"매출이 언제부터 떨어졌나요?", "특정 제품군에서 두드러졌나요?", "외부 시장 환경의 변화는 무엇이 있었나요?"	현상 파악	문제 지형도
문제 정의	"문제의 80%를 유발한 요인은 무엇입니까?"	원인 규명	레버리지 목록
본질 발견	"고객이 진짜 원하는 변화는 무엇입니까?", "고객이 진짜 원하는 것은 재구매율인가요, 브랜드 충성도인가요, 혹은 고객 경험의 재설계인가요?"	가치 재설정	문제 재정의

이 세 단계는 팩트→맥락→본질로 이어지는 기자의 기본 골격이다. AI가 방대한 데이터를 한눈에 제시해도 본질을 드러내는 일격은 결국 사람이 던지는 날카로운 질문에서 나온다.

구조화된 질문: 컨설턴트의 문제 정의 방식

컨설턴트는 문제를 정의하지 않으면 솔루션을 제안하지 않는다. 이유는 단순하다. 겉으로 드러난 문제는 대부분 본질이 아니기 때문이다.

컨설턴트는 컨설팅을 통해 고객이 인지한 문제를 한

표 2-2. 세 가지 질문 축

축	과거 질문	AI 시대 질문
Why	"무엇을 할 수 있는가?"	"왜 이 문제를 해결해야 하는가?"
How	"어떻게 빨리 끝낼까?"	"AI와 협업해 최적 경로를 설계할 수 있는가?"
Who	"어디에 소속됐는가?"	"누구와 가치를 교환하며 성장할 것인가?"

겹 한 겹 벗겨가며 숨겨진 니즈를 발견해 낸다. 그 핵심은 질문이다.

브랜드 매력이 부족하다면, 그것이 디자인 문제인지, 가격 정책인지, 소비자 인식의 변화인지 등 구체적으로 파고든다.

이러한 질문 구조는 기자의 탐색 질문법과 정확히 맞닿아 있다. 핵심은 "왜 그렇게 생각하나?"라는 한 줄 질문이다. 이 질문 한 줄은 문제의 표피를 걷어내고 본질을 드러낸다. 그리고 두 직군 모두 구조화된 질문으로 가설을 세우고 데이터를 검증한다.

전략가처럼 묻고 설계하라

전략가는 먼저 왜(Why)를 선명히 정의한다. 그다음 어떻게(How)에서 AI를 활용해 자원을 최소화하며, 누구(Who)를 통해 파트너십과 커뮤니티를 확장한다.

질문은 단순한 도구가 아니다. 프레임을 전환하는 시작점이다. 불확실성이 커진 지금, 질문은 새로운 판을 짜는 힘이 된다.

구체성이 결과를 좌우한다

전략가에게 가장 중요한 능력은 방향 설정이다. 퍼스널 브랜딩도 마찬가지다. "나는 누구인가?"라는 질문이 있어야, 보여 주고 싶은 가치와 전하고 싶은 메시지를 설계할 수 있다.

AI는 인간처럼 주변 맥락을 추론하지 않는다. 그래서 "아이디어 10개 줘"는 모호하다. "20대 여성 대상, 감성 마케팅 중심, 100자 이내 콘텐츠 아이디어를 줘"라고 구체적으로 물어야 AI도 방향을 잡는다. 좋은 질문은 실행 가능한 결과를 이끈다.

좋은 질문은 결국 실행을 끌어낸다

좋은 질문은 뇌를 움직인다. 매력적인 질문이 던져지면 새로움에 대한 기대가 도파민 보상 회로(중뇌 SN/VTA)와 해마를 동시에 깨워 주의 집중과 장기 기억 형성을 끌어울린다는 연구가 있다. 특히 실천으로 이어지는 질문은 '왜(Why)-만약(What If)-어떻게(How)'의 세 단계를 함께 묻는 구조가 가장 효과적이라는 코칭·경영 모델이 널리 활용된다.
단순 호기심이 아닌, 실행으로 이어지는 질문은 세 가지 요소를 갖춘다.

본질: 겉이 아닌 근본을 묻는다.

맥락: 상황의 배경을 묻는다.

가능성: 미래의 실현 가능성을 묻는다.

예컨대 "왜 이 일이 중요한가?", "이 문제가 해결되면 어떤 변화가 일어날까?", "지금 당장 내가 할 수 있는 한 걸음은 무엇일까?"와 같은 질문들이 바로 그것이다.

좋은 질문은 언제나 '옳은 방향'을 준다. 모호한 상황을 명확히 하고, 생각을 이끌어 내며, 결국 행동을 유도하는 힘이 된다.

AI 시대, 질문력은 인간의 무기다

질문은 결국 자기 설계의 시작이다. AI는 대규모 언어 모델의 로직으로 추론하지만, 삶을 정의하거나 우선순위를 결정해 주지는 않는다. 의미나 가치 등에 대해 판단하는 일은 여전히 인간의 몫이다.

질문이 구체적일수록 산출물은 정교해진다. 반대로 질문이 부실하면 AI의 '환각(Hallucination)' 위험이 폭증한다. 따라서 질문력은 생산성을 높이는 레버일 뿐 아니라 리스크를 줄이는 방패이기도 하다.

실전: 하루 5분, AI 질문 루프

AI와 함께 커리어 · 콘텐츠 · 삶을 설계하려면 '데이터 → 해석 → 행동'이 매일 반복되는 질문 루프를 만드는 것이 중요하다.

여기에 기자의 탐색력, 컨설턴트의 구조화, 전략가의 방향성을 데일리 루틴에 통합하면, AI 시대에 유의미한 실천 전략으로 이어질 수 있다.

Step 1. 관찰 데이터 질문

"오늘 무엇을 측정했는가?"

→ 조회 수, 글자 수, 학습 시간, 수면, 대화량처럼 관찰 가능한 지표를 기록한다. 숫자는 감정의 안개를 걷어 낸다.

Step 2. 의미 해석 질문

"이 숫자가 내 목표와 어떤 관계를 맺는가?", "증감은 우연인가 패턴인가?"

→ '왜'에 답하지 못하면 맥락 데이터가 더 필요하다.

Step 3. 가설 · 실험 질문

"내일 부엇을 다르세 하면 변화를 검증할 수 있는가?"

→ 행동 변수를 하나만 바꿔 실험군을 만든다(작은 진전이 동기와 창의성을 높인다는 '프로그레스 프린시플' 연구 참고).

Step 4. 위험 · 전제 점검 질문

"이 계획이 실패한다면 가장 가능성 높은 원인은 무엇인가?"

→ 사전에 그 실패 장면을 상상해 대비하는 '프리모텀(Pre-Mortem)' 기법은 전략 수립의 품질을 끌어올린다.

Step 5. 확장 · 협업 질문

"누구와 데이터를 공유하고 피드백을 주고받을 것인가?"

→ AI는 패턴을, 사람은 의미와 윤리를 본다. 두 시선을 결합할 때 지속 가능한 설계가 가능하다.

프롬프트 템플릿

"저는 [목표/기간/대상]을 달성하고 싶습니다. 현재 데이터는 [주요지표=값]. 가능한 원인 가설 3가지를 제시하고, 각 가설을 검증할 내일 실행 1단계 실험을 제안해주세요. 출력은 표 형식으로."

질문을 이렇게 세팅하면 AI가 바로 실행 가능한 옵션을 내놓는다. "프리모템 기법으로 이 프로젝트가 3개월 뒤 실패했다면 가장 큰 원인은 무엇인가?"를 미리 상상해 적는 것이다. 이어서 AI에게 위험 시나리오를 5가지 생성한 뒤 대응 플랜을 매칭한다.

마지막으로 질문 루틴은 기록이 있어야 지속된다. 매일 저녁 5분, '오늘의 한 질문'만 남겨도 30일이면 30개의 데이터 기반 의사 결정 로그가 쌓인다. 이것이 바로 AI 시대, 스스로를 설계하는 최소 단위의 증거다.

질문 루프 실전 예시

Step 1. 관찰 데이터 질문

"오늘 나는 무엇을 측정했는가?" → 숫자는 감정을 통과한 기록이다.

(예시 기록)

오늘 쓴 글자 수: 1253자

블로그 조회 수: 87회

수면 시간: 5시간 40분

인스타그램 DM 수: 2건

스스로에게 던진 질문 수: 3개

→ 측정 가능한 지표를 매일 기록하면, 감정이 흐리게 만든 현실을 선명하게 볼 수 있다.

Step 2. 의미 해석 질문

"이 숫자들은 내 목표와 어떤 관계를 맺고 있는가?", "이 증감은 우연인가, 반복되는 패턴인가?"

(예시 해석)

수면이 6시간 이하인 날은 콘텐츠 작성 완료율이 40% 이하로 떨어진다.

'질문'이 많은 날일수록 블로그 댓글 수가 높다. → 나의 브랜드는 질문 기반이다.

일요일에는 DM이 2배 이상 늘어난다. → 독자의 반응 패턴은 휴일 중심이다.

→ 이 단계는 기자처럼 '더 알아봐야 할 것'을 추적하는 시간이다.

Step 3. 가설·실험 질문

"내일 무엇을 다르게 하면 변화가 일어나는지 확인할 수 있을까?"

(예시 실험 설계)

내일은 콘텐츠 업로드 시간을 오전 10시에서 오후 5시로 바꿔 본다.

긍정 확언 문장을 타인 중심이 아닌 자기 선언형으로 바꿔 본다.

슬랙 메시지 요청 타이밍을 회의 1시간 전으로 옮긴다.

→ 하나만 바꿔 본다. '작은 진전'이 동기의 불씨가 된다.

Step 4. 위험·전제 점검 질문

"이 계획이 실패한다면, 가장 가능성 높은 원인은 무엇일까?"

(예시 점검)

회의 자료 준비가 늦어진다면? → 전날 밤 10시에 슬랙으로 자동 리마인드 설정

질문에 답이 부족하다면? → '이 질문이 어려운 이유'까지 분석해 콘텐츠화

데이터가 비었을 경우? → 수집 기준 점검: 수동 입력 → AI 자동 캡처로 대체

→ 실패를 사전에 상상하면, 실행의 탄탄함이 올라간다.

Step 5. 확장·협업 질문

"누구와 이 데이터를 공유하고 피드백을 주고받을 것인가?"

(예시 적용)

루틴 성과를 AI 코파일럿(Copilot)과 공유해 반복 패턴 요약 피드백 받기

블로그 독자 피드백을 바탕으로 질문 프레임 수정

'모닝레시피 챌린지' 그룹과 매일 측정값 공유 후 코멘트 주고받기

→ AI는 '패턴'을 보고, 사람은 '의미'를 본다. 패턴(데이터)과 의미(해석)가 만나야 지속 가능한 루틴을 설계할 수 있다.

질문 노트

지금 당신이 AI에게 자주 던지는 질문은 어떤 질문인가?
"왜 이 일이 중요하지?"라는 질문을 언제 마지막으로 해 보았나?
나의 브랜딩, 콘텐츠, 루틴을 설계하기 위한 핵심 질문 3가지를 적어 보라.

참고문헌

Amabile, T. M. & Kramer, S. J.(2011). *The progress principle.* Harvard Business Review Press.

B.C. Wittmann et al(2007). Anticipation of novelty recruits reward system and hippocampus while promoting recollection. NeuroImage 38: 194-202, doi: 10.1016/j.neuroimage.2007.06.038.

Conor Neill.(2022.8.6). 3 Rules of great questions. Moving People to Action blog.

Klein, G.(2007.9). *Performing a project premortem.* Harvard Business Review.

Warren Berger(2014). *A more beautiful question.* Bloomsbury.

03
AI 시대, 라이프 크리에이터의 등장

질문력이 AI 시대의 핵심 역량이라는 걸 깨달았다. 이제 그 힘으로 무엇을 만들어 갈지 고민해 볼 차례다. AI가 제공한 여분의 시간과 가능성을 단순한 N잡이 아닌 '삶의 설계'에 사용하는 새로운 인물형이 등장했다. 라이프 크리에이터는 창작을 넘어 존재 방식 자체를 설계한다.

문제 해결형 · 콘텐츠형 · 커뮤니티형 세 가지 유형을 통해 나만의 생존 전략을 구축하는 법을 알아보자. 정체성이 새로운 경쟁력이다.

인공지능과 편향?

AI 시대는 더 이상 미래 기술이 아니다. 우리는 이미 AI와 공존하며, 일상 전반을 AI를 통해 최적화하고 확장하는 시대에 살고 있다. AI 기술의 발전은 직업의 개념을 근본부터 흔들고 있다. 이제 사람들은 어디에 다니느냐보다, 어떤 문제를 어떤 방식으로 해결하는지를 먼저 묻는다. '나는 무엇을 할 수 있는가'보다 '나는 왜, 어떻게, 누구와 일하고 싶은가'를 정의하는 것이 중요한 시대다.

앞서 질문력이 AI 시대의 핵심 경쟁력임을 확인했다면, 이제 그 질문력을 어떻게 '삶의 설계'로 연결할 것인가가 남은 과제다. 나의 일이 정해진다면 다음 질문은 이렇게 이어진다.

"우리는 AI가 제공한 여분의 시간과 가능성을 무엇에 쓸 것인가?"

라이프 크리에이터는 단순히 AI 도구를 쓰는 사람을 넘어, AI로 인해 재편된 삶 자체를 기획 · 설계 · 운용하는 사람을 의미한다. '창작'을 넘어 '존재 방식'을 설계한다는 점에서 기존 'N잡러', '크리에이터', '프로페셔널'과 구별된다.

데이터로 보는 변화의 현실

매킨지 글로벌 연구소가 2024년 발간한 보고서에 따르면, 생성형 AI를 이미 현업에 적용 중인 '파워 유저'들은 업무 방식이 근본적으로 바뀔 것이라 전망하며 기존 직무 정의를 재설계(re-design)할 필요가 있다고 응답했다. 더 주목할 점은 AI 시대에 기술 활용 스킬보다 '고급 인지 · 사회-정서적 능력(비판적 사고, 문제 정의, 의사 결정 등)'이 더 큰 경쟁 우위가 될 것이라고 강조한 부분이다.

이 데이터는 단순한 AI 툴 숙련도를 넘어, 인간 고유의 사고 · 판단 역량을 중심으로 업무와 경력의 방향성을 재설계해야 할 시점임을 시사한다.

패러다임 전환: 직업 중심 사고에서 정체성 중심 사고로

AI가 흔드는 '일의 경계'

자동화 범위의 확장: 챗GPT, 미드저니, 코파일럿 등 다중 모달 AI가 글 · 음악 · 코드 · 영상 제작을 모두 지원한다.

비용 구조의 붕괴: 1인 미디어 · 1인 스타트업의 진입 장

벽이 급락한다.

역할의 재구성: 데이터 수집 · 가공 · 배포가 AI에 의해 분산되고, 사람은 '문제 재정의' 단계에 집중하게 된다. 이러한 변화는 '어디에 소속이 됐나' 대신 '왜 이 문제를 다루나'를 묻게 한다.

단순한 N잡러를 넘어, 설계자로 진화

부업과 사이드 프로젝트는 이제 특별한 일이 아니다. 누구나 여러 개의 정체성을 가지고 살아가며, AI는 그 변화에 가속도를 더한다. 콘텐츠 기획, 글쓰기, 디자인, 마케팅 등 창작과 전략이 필요한 일들은 AI 도구로 쉽게 시작할 수 있게 됐다. 하지만 수단이 쉬워질수록 중요해지는 건 결국 '방향'이다.

'다중 정체성'의 가속화

정체성 포트폴리오의 일상화: 유튜브 강사와 스타트업 프로젝트 매니저(PM)를 겸직하고, 메타버스에서 아바타 굿즈를 판매하며, 주말에는 지역 팝업 스토어를 운영하는 등 다중 아이덴티티가 일상화된다.

방향 없는 다작의 함정: AI 도구로 1시간 만에 전자책을 만들 수 있지만, 방향 없는 곱셈은 브랜드 가치를 희석한다. 빨리 많이 만드는 만큼, 빠르게 잊혀 간다.

잡 크래프팅의 재해석

퍼스널 브랜딩은 단순히 보여 주기 위한 수단이 아니라, 나의 철학과 가치를 기반으로 지속 가능한 정체성을 설계하는 과정이다. 이 질문은 결국, 일의 의미를 재정의하는 '잡 크래프팅(Job Crafting)'으로 확장된다.

태스크 크래프팅(Task Crafting): 반복적인 과업은 AI에게 맡기고, 인간은 의미 해석과 윤리적 판단이라는 본질에 집중한다.

릴레이셔널 크래프팅(Relational Crafting): AI의 산출물을 사회적 · 비즈니스적 가치로 연결하는 협업 네트워크를 설계한다.

코그니티브 크래프팅(Cognitive Crafting): 자신의 일을 '콘텐츠 생산'이 아닌, 정체성과 가치를 창출하는 활동으로 인식한다.

AI 시대, 인간에게 기억되고 싶다면 정보가 아닌, 태도를 남겨라

AI는 방대한 데이터를 빠르게 분석하고 정교한 콘텐츠를 만들 수 있다. 하지만 인간 고유의 태도만큼은 대체할 수 없다. 우리가 AI 시대를 살아가며 더욱 중요하게 지켜야 할 것은, 정보보다도 태도다.

인간만의 고유 자산 4가지

성장 마인드셋(Growth Mindset): 실패를 학습 촉매로 보는 태도다. 실패를 배움의 기회로 받아들이고, 끊임없이 자신을 갱신하는 태도는 변화에 적응하고 앞서 나가기 위한 핵심 자산이다.

긍정적인 질문과 자기 대화: "이 상황을 기회로 바꿀 수 있을까?"라는 질문 하나가 사고의 틀을 바꾸고, 행동의 방향을 전환한다. 이런 질문은 도파민 분비를 유도해 집중력과 창의성을 끌어올리는 데도 긍정적인 영향을 미친다. 이는 AI 모델 재학습과 다른 내적 합의를 요구한다. AI는 이를 시뮬레이션할 뿐, 진짜 동기를 경험하지 않는다.

꾸준함과 몰입: 열정은 몰입에서 탄생하고, 꾸준함은 신뢰로 연결된다. 퍼스널 브랜딩은 결국 일관된 자기표현

표 3-1. AI가 복제할 수 없는 4가지 비교 분석

영역	AI 강점	인간 고유 가치	사례
데이터 분석	속도·정확성	의미 맥락·스토리텔링	모건스탠리 AI보고서 vs 사피엔스형 투자자 서한
콘텐츠 제작	대량생산·A/B 테스트	감정·공감·윤리	GPT-기반 광고 초안 vs 소비자 인사이트 인터뷰
문제 해결	패턴 매칭	문제 재정의	고전적 추천 시스템 vs '1픽셀 변화' 전략
학습 최적화	개인화 튜터	성장 마인드셋	AI 맞춤 피드백 vs 실패 일시학습법

과 실천에서 비롯된다.

윤리적 판단과 책임: AI는 최적화된 답을 제시하지만, 그 답이 옳은지 판단하는 것은 인간의 몫이다.

결국 기술보다 태도가 더 오래 남는다. 사람들은 당신이 제공한 정보보다, 당신의 말투, 행동, 태도를 더 오래 기억한다.

창작자를 넘어 영향력 있는 설계자로

AI가 일자리를 위협할 것이라는 불안은 분명 현실이다. 그러나 그 이면에는 인간만이 할 수 있는 고유한 역할을 발견하고 확장할 수 있는 기회도 숨어 있다. 그 핵심은

'문제를 재정의하는 능력', 즉 문제를 구조화하고 질문으로 설계하는 힘에 있다.

현장에서 배운 질문의 힘

기자 시절 필자는 수많은 참사와 재난 현장을 취재했다. 빈소에서 유족을 만나야 했고, 때로는 현장에서 "사람이 죽은 마당에 무슨 질문이냐"는 욕설과 비난도 감수해야 했다.

하지만 질문을 끝까지 붙잡은 이유는 하나였다. '같은 비극이 다시는 반복되지 않게 하기 위해.' 질문은 사건의 끝이 아니라, 반복되는 인재를 막기 위한 시작이었기 때문이다.

이 경험은 AI 시대의 '앞으로 내가 살아갈 방향'을 다시 설계하게 만들었다. 정보가 넘쳐나는 시대에, 콘텐츠의 본질은 단순히 '말하는 것'이 아니라, '무엇을 어떻게 질문하고, 왜 그 질문을 지금 던지는가'에 있다.

인간-AI 협업을 설계하라

AI가 잘하는 것과 인간이 잘하는 것을 구분하는 일, 그리고 그 사이의 간극을 전략적으로 설계하는 것, 바로 여기에 AI 시대 인간의 고유한 경쟁력이 존재한다.

예를 들어 AI는 기사 초안을 빠르게 쓸 수 있지만 그 안에 담긴 의미를 맥락 속에서 해석하고, 윤리적 판단을 내리는 능력은 인간에게만 있다.

문제를 설계하는 3단계 전략

지금도 일을 하거나 콘텐츠를 만들기 전, 질문을 구조화한다.

[단계 1] 문제 파편화

문제를 막연하게 바라보지 않고, 작고 구체적인 구성 요소로 나눈다. 복잡한 이슈일수록 그 안에는 여러 층위의 원인과 맥락이 숨어 있기 때문에, 이를 쪼개서 바라본다.

→ 예시: "AI가 어려워요." → 기술 용어 낯섦 / 실행 방법 부족 / 나에게 필요한 사용 사례 없음 등으로

[단계 2] 상위 · 하위 추상화

문제를 더 넓게, 더 깊게 보기 위해 큰 그림과 세부 흐름을 동시에 파악한다.

→ 예시: AI 툴을 사용하지 못하는 이유를 '기술적 격차'로만 보지 않고, 사용자의 경험 부재(예-일상에 AI를 쓸 일이 크게 없다고 생각), 의욕 감퇴, 실행력 저하 → 목표 불명확(상

위 개념) ↔ 집중력 분산, 시간 관리 실패(하위 원인)

[단계 3] 프레이밍 전환

이제 문제를 다시 정의해 본다. 익숙한 문제도 다르게 바라보게 만드는 질문, 예를 들어 모순을 드러내는 질문, "왜 아직도 이 문제가 반복될까?"와 같은 질문을 던지면 새로운 가능성이 드러난다. 이 과정이 새로운 가치 제안과 창의적 해결의 출발점이 된다.

→ 예시: "왜 아직도 AI는 전문가의 도구로만 인식될까?" → "질문하는 일반인도 AI 시대의 설계자가 될 수 있다"는 메시지로 전환 → 그 메시지가 바로 'AI 레시피', '모닝레시피', '질문으로 나를 설계하다'로 이어졌다.

진정성을 기반으로 영향력을 확장하라

기자는 질문으로 세상을 기록한다. 나는 이제, 기자와 독자의 질문에 미리 예상해 보도 자료를 만들고 대응하는 홍보팀장으로, 질문으로 콘텐츠를, 또 독자의 삶을 설계하도록 안내하는 크리에이터로 일하고 있다.

단순히 수익을 만드는 콘텐츠가 아니라, 실행을 도와주고, 자기 확신을 회복하게 해 주는 콘텐츠, 그런 콘텐츠가 쌓일수록, 사람들과의 신뢰는 콘텐츠를 넘어 관계가 되고, 커뮤니티가 된다.

영향력은 단지 팔로워 수나 조회 수가 아니라, "이 사람이 내 문제를 진심으로 보고 있다"는 믿음에서 비롯된다. 그리고 그 믿음은 결국 기술이 아닌 태도, 속도가 아닌 방향에서 나온다.

영향력 확장의 6단계 피라미드

지금 '퍼스널 브랜딩'을 고민하고 있다면, 콘텐츠를 만드는 것에 그쳐서는 안 된다. 문제를 재정의하고, 의미를 설계하며, 연결을 확장하는 영향력 있는 설계자로 전환해야 할 때다. 그리고 그 여정은 단 하나의 질문에서 시작된다.

> "나는 지금, 누구의 문제를, 어떤 이유로, 어떤 방식으로 해결하고 있는가?"

AI 라이프 크리에이터의 세 가지 유형

AI 시대에 떠오르는 라이프 크리에이터는 다음 세 가지 유형으로 구분된다.

문제 해결형 크리에이터

복잡한 문제를 분석하고 본질을 꿰뚫는 질문으로 해결 방안을 설계한다. 비정형 문제, 윤리적 판단, 전략적 사고에 강점을 보인다.

콘텐츠형 크리에이터

AI를 활용해 콘텐츠를 기획·제작하고, 자신만의 스토리와 메시지로 오디언스와 소통한다. 꾸준한 발행과 진정성으로 신뢰를 쌓는다.

커뮤니티형 크리에이터

사람을 연결하고 공동의 목표를 중심으로 성장 기반을 만든다. 공감과 신뢰, 협력을 통해 지속 가능한 생태계를 만든다.

이들은 단순한 다작형 N잡러가 아니다. 철학이 담긴 질문과 실행 루프를 통해 나만의 생존 전략을 설계하고, 기술을 도구 삼아 영향력을 확장하는 '설계자'다. 이를 통해 자신만의 생태계를 구축한다.

하루 5분, 실전 루프

포스트 라이프 크리에이터로 성장하기 위한 최소 실행 단위를 제안한다. 하루 5분, 다음 5단계를 반복하면 자연스럽게 '설계 습관'이 몸에 밴다.

① 관찰

오늘 가장 에너지가 몰린 활동은 무엇이었나?

② 해석

그 활동은 내 목표와 어떤 상관관계가 있나?

③ 가설

내일 1% 개선을 위해 바꿀 단 한 가지는 무엇인가?

④ 실행

언제, 어떻게, 누구와 실행할 것인가?

⑤ 회고

결과를 검증할 지표는 무엇인가?

프롬프트 예시

"저는 [목표/기간]을 달성하고 싶습니다. 현재 수치는 [주요 지표=값]. 목표를 달성하기 위한 가설 3가지를 제시하고, 각 가설을 검증할 하루 30분 실험 플랜을 표로 정리해 주세요."

작아 보이지만 측정 → 해석 → 개선의 루프가 굴러가기 시작하면, 90일 후에는 데이터를 기반으로 한 의사 결정 로그가 90개가량 쌓인다. 이것이 곧 라이프 크리에이터의 자산이다.

설계는 매일의 선택에서 시작된다

AI 시대의 라이프 크리에이터가 되는 것은 거창한 목표가 아니다. 매일 던지는 질문, 매일의 작은 실험, 매일의 회고가 쌓여 만들어지는 일관된 정체성이다.

중요한 것은 완벽한 계획이 아니라 실행 가능한 첫 걸음이다. 오늘부터 다음 질문들을 스스로에게 던져 보자:

질문 노트

지금 당신이 AI에게 자주 던지는 질문은 무엇인가요?
"왜 이 일이 중요한가?"를 오늘 하루 몇 번이나 스스로에게 던졌는가요?
나의 브랜딩 · 콘텐츠 · 루틴을 설계하기 위한 핵심 질문 3가지를 적어 보세요.

AI 시대는 모든 사람에게 라이프 크리에이터가 될 기회를 제공한다. 하지만 그 기회를 잡을지, 놓칠지는 지금 이 순간 던지는 질문에 달려 있다. 설계는 내일이 아닌 오늘 시작된다.

참고문헌

Acemoglu, D. & Restrepo, P.(2018). Artificial Intelligence, automation and work. NBER Working Paper.

Dweck, C.(2006). *Mindset: The new psychology of success.* Random House.

McKinsey Global Institute(2024.3). The human side of generative AI: Creating a path to productivity.

Mollick, E.(2024). *Co-intelligence: Living and working with AI.* Portfolio. https://cmc.marmot.org/Record/.b67624480

Schwab, K.(2016). *The fourth industrial revolution.* World Economic Forum.(2ed. in Portfolio, 2017).

04
AI는 도구가 아닌 파트너, 질문이 이끄는 사고 확장

정보 홍수 시대, 문제는 데이터 부족이 아니라 질문 부족이다. 대부분의 사람들이 AI를 검색의 연장선으로 이해하는 동안, 진짜 경쟁력은 AI를 통해 사고를 확장하는 능력에서 나온다.

질문-검증-재질문의 순환이 반복될수록 인간-AI 협업의 품질은 기하급수적으로 높아진다. AI는 우리가 제시한 질문의 깊이를 넘어서지 못한다.

청각장애인과 AI?

생성형 AI를 '제대로' 이해한다는 것

정보는 넘쳐나고 세상은 더 복잡해지고 혼란스러워졌다. AI가 일상에 깊숙이 들어온 지금, 우리는 더 이상 '데이터가 부족해서' 문제를 풀지 못하는 시대에 살고 있지 않다. 승패를 가르는 요소는 어떤 질문을 던질 것인가다. AI는 우리가 제시한 질문의 깊이를 넘어서지 못하며, 질문이야말로 인간 고유의 본질이자 우리를 차별화하는 무기로 작용한다.

앞서 라이프 크리에이터의 정체성을 확립했다면, 이제 그 정체성을 구현할 구체적 도구인 AI와의 협업 방법을 탐구해야 한다. 문제는 대부분의 사람들이 AI를 여전히 '검색의 연장선'으로 이해한다는 점이다.

챗GPT · 제미나이(Gemini) · 클로드 같은 생성형 AI는 방대한 학습 데이터를 근거로 텍스트 · 이미지 · 코드 · 오디오를 생성한다. 이는 콘텐츠 제작의 진입 장벽을 낮추고 생산성을 비약적으로 높였지만, 기술을 '할 수 있는 일'의 목록으로만 이해하면 곧 한계에 부딪힌다.

AI의 구조적 한계를 직시하라

2024년 5월 스탠퍼드대학교 연구진이 주도한 연구에 따르면, 법률 분야에서 AI 도구들의 환각 현상이 심각한 수

준으로 나타났다. 스탠퍼드 규제, 평가, 거버넌스 연구실(RegLab)과 인간 중심 AI 연구진(HAI, Human-Centered AI Institute)이 수행한 '환각 없는 AI? 주요 AI 법률 연구 도구의 신뢰성 평가' 연구는 법률 전문 AI 도구들에 대한 최초의 사전 등록된 실증 평가를 실시했다.

연구 결과에 따르면, 렉시스넥시스(LexisNexis)의 렉시스플러스(Lexis+) AI는 17~33%의 환각률을 보였으며, 톰슨 로이터(Thomson Reuters)의 웨스트로(Westlaw) AI 지원 연구 도구는 17~33%, 애스크 프랙티컬 로(Ask Practical Law) AI는 17% 이상의 환각률을 기록했다. 특히 일반 목적용 GPT-4의 경우 법률 질의에서 58~82%라는 훨씬 높은 환각률을 나타냈다.

AI는 '정답'을 찾는 검색 엔진이 아니다. 통계적으로 가장 그럴듯한 출력을 뱉을 뿐이며, 진실 여부를 검증하는 일은 인간의 몫이다.

대규모 언어 모델의 환각 현상, 편향, 컨텍스트 누락, 모델 업데이트 불투명성은 여전히 해결되지 않은 구조적 위험 요인이다.

따라서 생성형 AI는 사고 확장을 돕는 도구일 뿐 사고 자체를 대체하는 만능 해결사가 아니다. 잘못 설계된 질문은 고급 모델이라도 엉뚱한 답을 내놓게 만든다.

AI는 '도구'가 아니라 사고 확장 파트너다

많은 초보 사용자는 AI를 '대신 해 주는 자동화 기계'로 생각한다. 그러나 진짜 경쟁력은 AI를 통해 사고를 더 깊고 넓게 만드는 능력에서 나온다.

• 잘못된 접근

"아이디어 10개 줘."

"보고서 요약해줘."

• 확장형 접근

"30대 직장 여성 대상, 자기 계발 키워드, 감성 서사 포함 150자 콘텐츠 아이디어 5개를 표로 정리해 줘."

"4000자 분량 보고서를 구조화된 개요(문제 · 원인 · 대안 · 시사점)로 700자 이내 요약해 줘."

방향성(Why-How-Who)을 명시하고 목적과 맥락을 명확히 제시하면 AI는 단순한 답변 생성기를 넘어 전략적 사고를 돕는 파트너가 된다. 명심하라. AI는 제대로 묻는 사람에게만 똑 부러지게 답한다.

현장에서 검증된 5가지 핵심 질문 원칙

1. 목적 정의: 결과물 형식 · 톤 · 길이를 선언한다.
2. 열린 질문: "다른 관점은 없을까?"로 탐색 범위를 넓힌다.
3. 단계적 흐름: 배경 → 문제 정의 → 가설 → 실행 아이디어 순으로 나눈다.
4. 맥락 제공: 독자층, 시장 상황, 제약 조건을 함께 입력한다.
5. 프레임 전환: "고객이라면?", "미래 세대 입장이라면?"처럼 관점을 바꾼다.

이 다섯 단계는 단순 프롬프트 기법이 아니라 사고 근육을 단련하는 과정이다. 질문을 구조화할수록 모델은 더 정밀한 인사이트를 제공하고, 인간은 더 높은 수준의 비판적 사고를 훈련하게 된다.

AI로 '정답'보다 사고 과정이 진화한다

매킨지 디지털 2025년 1월 보고서에 따르면, 기업의 92%가 향후 3년간 AI 투자를 늘릴 계획이며, 직원 47%는 업무의 30% 이상을 생성형 AI로 해결할 것이라고 예상한다.

그러나 정답을 빠르게 얻는 것이 곧 경쟁력이 되거나 기업의 성장을 담보하는 시대는 끝났다.

메타 인지 훈련의 핵심

"이 답이 맞을까?"보다 "왜 이렇게 생각했을까?"를 AI에게 되묻는 순간, 인간은 모델의 추론 사슬을 들여다보고 자체적 오류 탐지를 수행한다. 이렇게 확보한 메타 인지는 문제를 다시 바라보게 하고, AI의 판단 과정을 스스로 점검하며, 같은 실수를 반복하지 않는 사고 시스템을 구축하게 만든다.

질문-검증-재질문의 순환이 반복될수록 사고는 깊어지고, 인간-AI 협업의 품질은 기하급수적으로 높아질 수밖에 없다.

실전: 하루 5분, 실전 루프

5분: 데이터 캡처

→ 예시 질문: "오늘 가장 주목 받은 콘텐츠는?"

10분: AI 대화

→ 예시 질문: "해당 콘텐츠가 바이럴된 3가지 요인을 분석해 줘."

5분: 리프레임

→ 예시 질문: "같은 주제를 다른 타깃 · 톤으로 바꾼다면?"

5분: 실험 설계

→ 예시 질문: "내일 섬네일 색상을 바꾸면 클릭률(CTR)이 어떻게 바뀔까?"

5분: 리스크 체크

→ 예시 질문: "이 실험이 윤리적 · 법적 문제를 일으킬 가능성은?"

30일만 반복해도 질문 → 실험 → 피드백 로그 30세트가 쌓여, 개인화된 지식 그래프를 구축할 수 있다.

질문 노트

오늘 던진 질문 중 '왜'로 시작한 질문은 몇 개인가?

AI가 내 사고를 깊이 · 넓이 · 실행 중 어느 단계에서 가장 도왔는지 기록해 보라.

이번 주에 실험할 프리모텀 시나리오를 한 가지 설정하라.

참고문헌

Bender, E. M. et al.(2021). On the dangers of stochastic parrots. *Proceedings of ACM FAccT.*

Hannah Mayer(2025.1.27). Superagency in the workplace: Empowering people to unlock AI's full potential. McKinsey Digital. https://www.mckinsey.com/capabilities/mckinsey-digital/our-insights/superagency-in-the-workplace-empowering-people-to-unlock-ais-full-potential-at-work.

Magesh et al.(2024). Hallucination-Free? Assessing the reliability of leading AI legal research tools. arXiv preprint arXiv:2405.20362. https://arxiv.org/abs/2405.20362

Stanford HAI(2025.9.14). AI on trial: Legal models hallucinate in 1 out of 6 (or More) benchmarking queries. Stanford Institute for Human-Centered Artificial Intelligence, September. https://hai.stanford.edu/news/ai-trial-legal-models-hallucinate-1-out-6-or-more-benchmarking-queries

05
질문으로 AI를 움직이는 법

우리는 이제 '정보가 부족한 시대'가 아니라 '질문이 부족한 시대'에 살고 있다. AI에게 던지는 프롬프트는 단순한 명령이 아니다. 내 목적과 시선을 어떻게 담아낼지 고민하는 일종의 '생각 설계'다. 7가지 핵심 전략을 통해 AI를 수동적 응답기에서, 능동적 전략 파트너로 만들어 보자. 질문을 설계하는 사람만이 AI 시대를 설계할 수 있다. 프롬프트 설계 역량은 곧 자신의 사고를 설계하는 힘이다.

AI 콘텐츠 크리에이터?

질문의 깊이가 AI의 가능성을 결정한다

AI 기술은 우리에게 더 빠르고, 더 다양하며, 더 넓은 범위의 정보를 실시간으로 끊임없이 제공해 준다. AI의 진정한 능력은 '어떤 질문을 사용자가 던지는가'에 따라 현저히 달라진다는 것을 우리는 이미 피부로 느끼고 있다.

갈수록 문제는 '정보 부족'이 아니라 '질문 부족'의 시대로 치닫고 있다는 것이다. 생성형 모델은 요청 받은 범위 안에서만 작동한다. 질문이 모호하면 평균적인 답을, 의도가 분명하면 창의적 · 정밀한 답을 돌려준다.

질문이 곧 정체성이다

"사람을 판단할 때는 그의 답변보다는 질문을 보라"는 프랑스 철학자 볼테르의 말처럼, AI에 의존하기 쉬운 시대일수록 내가 누군지 알기 위해서는 정확한 질문이 먼저 준비돼야 한다.

오픈AI는 모델 스펙(Model Spec)에서 "명확한 질문을 던져야 한다"고 명시하며 '챗GPT를 분석적 엄격성을 갖춘 사고 파트너'로 규정한다.

이는 AI가 단순 응답기를 넘어, 사용자의 불분명한 요청을 질문으로 다시 구조화하거나, 사고를 유도하는 존재로 진화하고 있다는 것을 의미한다.

역프롬프트의 전략적 활용

특히 AI가 사용자에게 질문을 던져 맥락을 되묻고, 대화를 리디자인하는 '역프롬프트(reverse prompting)' 전략은 AI를 수동적 응답기에서 능동적 대화 설계자로 바꾸는 강력한 방식이다.

결국 프롬프트 설계 역량은 곧 자신의 사고를 설계하는 힘이다.

효과적인 프롬프트 설계를 위한 7가지 전략

프롬프트는 더 이상 단순한 지시가 아니다. 그것은 사용자의 목적, 방향성, 관점을 설계하는 프레임이자, AI의 출력 결과를 결정짓는 '입력의 철학'이다. 다음 일곱 가지 전략은 실전에서 가장 높은 반응률과 창의적 출력을 이끈 방식들로, 프롬프트의 질을 높이는 핵심 도구가 된다.

1. 목적 명시(Purpose Definition)

"5분 분량의 팟캐스트 스크립트를 작성해 달라. 대상은 30대 직장인이고, 톤은 따뜻하고 감성적으로."

톤, 길이, 형식, 대상. 이 네 가지 요소가 빠질 경우 AI는 추상적이고 애매한 답을 생성하게 된다.

2. 역할 부여(Role Assignment)

> "당신은 20년 경력의 브랜드 마케터다. 이번 캠페인 전략을 작성해 달라."

이 문장 하나로 AI의 맥락 인식은 확장된다. 이는 인지심리학에서 '역할 전제 기반 사고 확장'과 유사한 원리다.

3. 열린 질문 활용(Open-ended Questions)

"왜?", "무엇이 달랐나?", "다른 방법은?"과 같은 질문은 AI가 단순 검색식 출력이 아닌 사고를 유도하는 방향으로 작동하게 만든다. 이는 인간의 브레인스토밍과 유사한 역할을 한다.

4. 상세 조건 기입(Detailed Specifications)

"다이어트 식단 알려 줘" 대신 "40대 남성, 인슐린 저항이 있는 사람을 위한 저탄고지 아침 식단 3가지를 추천해 달라." 구체화는 곧 맥락의 정확도다.

5. 단계적 흐름 설계(Sequential Flow Design)

한 번에 많은 요청을 하기보다는 배경 → 문제 → 사례 → 개선 → 확장 순으로 논리의 층위를 따라 나누는 것이 좋다. 이는 일종의 'AI와의 협업 설계서'를 만드는 방식이다.

6. 관점 전환(Perspective Shift)

"이 전략을 고객이 읽는다면 어떻게 반응할까?" 사용자의 관점, 고객의 관점, 경쟁자의 입장에서 재질문을 하면 사고의 전환점이 생긴다.

7. 핵심 키워드 · 제약 조건 명시(Keywords & Constraints)

AI는 현재까지는 사람처럼 '암묵적 전제'를 해석하지 못한다. 배경, 타깃 독자, 산업 상황, 제약 조건(예: 인쇄물용, 300자 이내 등)을 명시해야 의도에 맞는 결과를 도출할 수 있다.

이 일곱 단계는 '질문 → 맥락 → 구조'의 삼각형을 완성해 AI가 브리핑 가능한 사고 프레임을 형성한다.

실전 사례: 7단계 프롬프트 설계

Before(일반적 접근)

"직장인을 위한 아침 루틴 글을 써줘."

After(7단계 전략 적용)

[역할] 당신은 10년 경력의 생산성 코치입니다.
[목적] 30대 직장인을 위한 아침 루틴 가이드를 작성해 주세요.
[형식] 블로그 포스팅, 1500자 내외, 실행 가능한 체크리스트 포함해 주세요.
[톤] 친근하고 실용적이며, 동기부여가 되는 톤으로 해 주세요.
[조건] 과학적 근거 2개 이상 포함, 30분 이내 실행 가능한 루틴으로 해 주세요.
[관점] 시간이 부족한 직장인의 입장에서 작성해 주세요.
[제약] 특별한 도구나 비용이 들지 않는 방법으로 제한합니다.

질문은 나를 설계하는 도구다

프롬프트는 단지 AI 시대 도구도, 요령도 아니다. 그것은 '나는 누구인가', '무엇을 하고 싶은가', '어떻게 협업하고 싶은가'라는 철학적 자각의 언어다.

AI는 앞으로도 계속 더 똑똑해질 것이고, 점점 더 많은 일을 '대신' 해 줄 것이다. 속도도 무섭게 더 빨라지고 위협할지도 모른다. 그런 AI에게 무엇을 맡기고, 어디까지 설계에 포함할 것인가는 사람의 질문에 달려 있다.

그 질문을 누가 잘 던지느냐는 결국, 누가 자기 삶을 더 깊이 들여다보고, 더 명확하게 정의할 수 있느냐에 달려 있다.

질문은 설계다. 설계는 곧 삶의 구조다. 프롬프트는 그 구조의 언어이며, 이제 우리 모두는 그 언어를 디자인하는 AI 라이프 크리에이터가 되어야 한다.

실전: 하루 5분, 질문 루프

AI와의 협업은 단순히 기술 사용을 넘어, 나를 어떻게 정의하고 발전할 것인가에 관한 철학적 질문으로 이어진다. 다음과 같은 질문을 스스로에게 던져 보자.

나는 어떤 가치를 추구하는가?:

진정성, 창의성, 공감 능력 등 인간 고유의 가치는 AI가 대체할 수 없다.

나의 강점과 경험을 어떻게 AI와 융합할 수 있는가?:
오랜 경력과 인사이트를 AI 도구와 결합하면 강력한 퍼스널 브랜드를 형성할 수 있다.

나는 어떻게 꾸준히 성장할 것인가?:
새로운 AI 도구를 탐색하고, 그것을 자신의 업무와 연결하는 능력은 경쟁력을 지속하는 핵심이다.

나는 어떤 질문 디자이너인가?:
질문을 통해 세상을 바라보고, 문제를 재정의하고, 사고의 흐름을 설계할 수 있는 사람이 되는 것이 중요하다.

실천 질문

나의 프롬프트에서 가장 부족한 요소는 무엇인가? (목적/역할/맥락/제약 조건)
AI와의 대화에서 내가 가장 자주 놓치는 관점 전환은 무엇인가?
내일부터 실험해 볼 7단계 프롬프트 설계 주제 하나를

정해 보라.

AI 시대의 진짜 경쟁력은 도구 사용법이 아니라 질문 설계 능력이다. 지금 이 순간부터 당신만의 질문 설계를 시작하라.

참고문헌

OpenAI(2024.5.8). Model Spec. https://cdn.openai.com/spec/model-spec-2024-05-08.html

OpenAI Help Center(2025). What is the ChatGPT model selector?.

06

AI 시대, 일과 삶을 나답게 재설계하는 질문

AI 협업 기술을 익혔다면 이제 실제 삶에 적용할 차례다. 기술과의 관계 설정이 나의 가치와 브랜드를 완전히 바꾼다. 10년 탐구 주제부터 선택 받는 콘텐츠까지, 다섯 가지 핵심 질문으로 'AI 시대 나다운 삶'을 설계해 보자. 단순한 도구 활용을 넘어 삶의 전체 구조를 재설계하는 법을 배운다. AI에 끌려가지 않고 AI와 함께 나만의 길을 만드는 실천형 사고법이다.

AI와 민주주의?

AI의 등장은 우리의 일상과 일하는 방식을 근본부터 뒤흔들고 있다. 정보 과잉과 빠르게 변하는 기술 속에서 중요한 것은 기술 자체가 아니라 기술과의 관계 설정이다. AI와 어떤 협력을 이루어 내고, 나 자신을 어떤 방식으로 표현할지 끊임없이 질문해야 한다. AI는 매우 강력한 도구지만, 그 활용법과 질문의 질에 따라 나의 가치와 브랜드가 완전히 달라진다.

앞서 AI와의 협업 기술을 익혔다면, 이제 그 기술을 바탕으로 '나다운 삶'을 실제로 설계할 차례다. 단순한 도구 활용을 넘어, AI 시대에 맞는 새로운 삶의 설계도를 그려야 한다.

다음 다섯 가지 핵심 질문을 활용해 AI 시대에 스스로를 재정의하고, 삶과 일을 '나답게' 재설계하는 법을 구체적으로 안내한다.

1. 나는 어떤 주제를 10년 넘게 탐구할 수 있는가?

자신이 지속적으로 흥미를 느끼고, 그 주제를 깊이 탐구할 수 있는 영역을 찾아야 한다. 이는 경제적 기회를 넘어 자기 정체성과 전문성을 구축하는 과정이다.

장기 전문성이 AI 시대의 무기인 이유

프라이스워터하우스쿠퍼스 글로벌(PwC Global)이 발간한 보고서에 따르면 AI로 대체되기 어려운 직무의 공통점은 '경험 기반의 고차원 판단과 상황 맥락 이해 및 직관'을 요구한다는 점이었다. 고급 인지, 사회-정서적 스킬 즉, 비판적 사고, 문제 정의, 감성 지능 등에 대한 수요는 꾸준히 증가하는 추세다. 이 결과는 단순한 기술 숙련을 넘어 장기간 축적된 전문성과 인간 특유의 의사 결정 역량이 AI 시대의 핵심 경쟁력임을 시사한다.

예를 들어 교육이나 자기 계발 분야를 선택했다면, 단순히 한 가지 기술을 배우는 것이 아니라 인간의 학습 원리와 동기부여 방법을 꾸준히 연구해야 한다. 이렇게 전문성을 구축하면 장기적인 신뢰와 지속 가능한 브랜드가 완성된다.

2. 나는 누구와 연결되고 싶은가?

AI 시대는 아이러니하게도 '인간적 연결'이 더욱 중요해진다.

한국 사회의 관계 위기와 기회

OECD '하우 이즈 라이프 2024 한국 국가 노트(How's Life? 2024 Country Notes: Korea)'에 따르면, "어려움에 처했을 때 도와줄 사람이 있다"고 답한 한국인의 비율은 80.8%로 OECD 평균 91.4%를 크게 밑돌았다. 즉 한국에서 사회적 지원을 체감하지 못하는 사람(19.2%)의 비중이 OECD 평균(8.6%)의 두 배 이상이라는 의미다.

하지만 이는 개인 브랜드 구축에서 진정성 있는 관계 형성과 커뮤니티 구축의 중요성을 더욱 부각한다. 혼자 잘하는 능력보다, 주변과 지혜를 공유하고 성장하는 사회적 인간 지능(Social Intelligence)이 더욱 중요해지는 셈이다.

연결의 형태가 브랜드를 좌우한다

2024년 하버드 비즈니스 스쿨(HBS) 연구진이 참여한 디지털 시대 관계 자본 관련 실증 연구들은 네트워크 연결 강도가 브랜드 성과를 좌우한다고 보고한다.

- 약한 연결(소셜미디어 팔로워 중심)은 정보 확산과 신규 고객 유입 등 단기 성과를 끌어올리는 데 효과적이다. 단 지

속 가능성은 낮다.

• 강한 연결(커뮤니티 · 멤버십 중심)은 고객 유지율과 반복 구매를 크게 높여 장기 매출 안정성에 기여한다.

내 메시지와 콘텐츠를 전달할 타깃층을 명확히 설정하고, 그들과 깊이 연결되는 방법을 모색해야 한다. 예를 들어 건강과 다이어트에 관심이 있다면, AI 기반의 개인 맞춤형 건강관리 시스템을 활용하여 타깃층의 구체적 니즈와 고민에 맞춘 콘텐츠를 제공해 강력한 유대감을 형성할 수 있다.

AI는 정보를 제공할 수 있지만, 인간의 정서를 전달하는 주체는 결국 사람이다. 타인과의 관계는 이벤트성 연결이 아니라 신뢰를 기반으로 한 지속적인 관계 구축이다.

3. 내가 반복해도 지치지 않는 일은 무엇인가?

반복해도 에너지를 잃지 않는 활동은 '나답게 사는 삶의 핵심'이다. 에너지 흐름에 따라 시간과 업무를 설계하는 것이다.

몰입의 과학적 근거

심리학자 미하이 칙센트미하이(Csikszentmihalyi)는 몰입(flow) 상태에서 최적의 경험과 성과가 동시에 나타난다고 강조한다. 그의 연구에 따르면 다음과 같다.

> 몰입 상태에서는 코르티솔(스트레스 호르몬) 수치가 40% 감소
>
> 동시에 도파민과 노르에피네프린 분비가 증가해 학습 능력과 창의성이 향상
>
> 시간 왜곡 현상으로 더 오랜 시간 집중 가능

적용: 에너지 맵핑으로 찾는 나만의 영역

1주일간 시간별 에너지 레벨 기록(1~10점)
→ 활동별 에너지 증감 패턴 분석
→ 반복해도 에너지가 오히려 증가하는 활동 추출

예를 들어 미용이나 스타일링을 하루 종일 해도 기쁘고 즐겁다면, AI 기반으로 개인 맞춤형 스타일 추천 시스템이나 뷰티 콘텐츠 제작을 통해 브랜드를 구축할 수 있다. 이는 반복적 활동에서 즐거움과 의미를 찾는 태도는 장기적 성과와 브랜드 구축에 필수다.

4. 나만의 루틴에 어떤 시스템이 들어와야 할까?

AI 시대에도 '완벽한' 생산성 시스템은 존재하지 않는다. 중요한 것은 '나에게 맞는' 시스템을 조합하고, AI 도구를 활용해 효율성을 높이는 것이다.

예를 들어 좋은 학교나 명문 대학교 진학이 목표라면, AI 기반의 학습 계획 수립과 자동 문제 풀이 분석 시스템을 통해 효율적으로 시간을 관리하고 목표 달성을 가속화하는 방식이다.

예를 들어 챗GPT나 클로드를 활용해 매일의 할 일을 정리하거나, 반복적인 이메일 답장을 자동화할 수 있다. 하루의 우선순위를 정리하고 명확한 실행 계획을 세우는 것은 물론, AI로 간단한 작업을 자동화하여 더 창의적이고 중요한 일에 집중할 수 있다.

AI 시대 루틴 설계의 3원칙

수집의 자동화: AI가 정보를 수집하고 분류

판단의 인간화: 중요도와 우선순위는 인간이 결정

실행의 최적화: AI 도구로 실행 과정을 간소화

단 루틴 설계는 삶을 편리하게 만드는 것이 목표다. 시스템이 나를 통제하는 것이 아니라 내가 시스템을 활용하는 방향으로 설계해야 한다.

5. 내 콘텐츠가 '선택 받는 콘텐츠'인가?

"나는 누구인가?", "무엇을 해결하고 싶은가?", "무엇을 전달하고 싶은가?" 이 질문에 명확한 답을 내고, 자신만의 이야기를 녹여 콘텐츠를 만들어야 한다. 단 이때 가장 중요한 것은 내가 하고 싶은 얘기만 하는 콘텐츠가 아닌 '선택 받는 콘텐츠'가 되어야 한다는 점이다.

저장하고 공유하는 콘텐츠 예시: 본능적 욕구와 연결하라

사람들이 알고 싶어 하는 것, 즉 '선택 받는 콘텐츠'의 핵심은 정보성과 욕구 충족이다.

인간의 5대 본능적 욕구

건강과 생존(건강해지는 법)

번영과 성공(부를 축적하는 법)

관계와 소속(사랑받는 법)

성장과 학습 능력을 기르는 법)

안전과 안정(불안을 해소하는 법)

예뻐지는 법, 건강해지는 법, 부를 축적하는 법, 사교육 없이 명문 대학교 가는 법처럼 사람들의 본능적 욕구와 밀접한 주제를 다룰 때 콘텐츠는 더 쉽게 선택 받고, 더 널리 공유된다.

공유 가치의 3요소

단순한 이야기나 감성에 그치지 않고, 사람들이 저장하거나 친구, 가족에게 '공유할 만한 가치'를 담아야 살아남는 시대다.

실용성: 당장 사용할 수 있는 정보

신뢰성: 경험을 기반으로 한 검증된 내용

독특함: 다른 곳에서 볼 수 없는 관점

내가 말하고자 하는 메시지를, 사람들이 필요로 하는 정보와 연결하고 있는가? 지금 내 콘텐츠는 누군가의 질문에 답하고 있는가? 이 질문이 콘텐츠 전략의 출발점이 되어야 한다.

예를 들어 '건강하게 살 빼는 법'에 대한 콘텐츠를 만든다면, 자신만의 경험과 AI를 통한 데이터 기반 건강 다이어트 관리 전략을 제시할 수 있다. 진정성과 일관성,

지속성을 갖춘 콘텐츠는 인간만이 만들 수 있으며, 개인의 경험과 통찰을 담아 콘텐츠를 제작하면 공감을 얻고, 지속 가능한 팬층을 확보할 수 있다.

실전: 하루 5분, AI 질문 루프

이 루프는 AI에 끌려가는 대신, AI와 함께 나의 일과 삶을 재설계하는 실천형 사고법이다.

1. 오늘 나를 움직이게 하는 질문은 무엇인가?
무작정 할 일을 정하기보다, 오늘 가장 에너지를 쏟을 만한 질문 하나를 스스로에게 던진다.
(예: "나는 오늘 어떤 가치를 만들 수 있을까?", "지금 가장 중요한 선택은 무엇일까?")

2. 이 질문을 AI에 어떻게 물어볼 수 있을까?
AI는 방향 없는 질문엔 의미 없는 답을 준다. 질문을 구체화하고, 목적에 맞게 AI에게 물어보는 연습을 해 본다.
(예: "30대 직장인이 3개월 안에 콘텐츠 수익화를 시작하려면 어떤 루틴이 필요할까?")

3. 이 답을 통해 내가 만들 수 있는 콘텐츠는 무엇인가?

답을 실행으로 바꾸는 힘은 '기록'과 '표현'에서 나온다. 받은 답을 내 언어로 정리하고, 콘텐츠로 전환한다.

(예: 나만의 실행 루틴을 인스타 릴스, 블로그 글, 뉴스레터로 공유하며 나의 메시지를 누적할 수 있다.)

AI 시대를 주도하는 삶의 설계

AI는 인간을 대체하는 것이 아니라, 인간의 기능성을 확장하는 도구다. 핵심은 내가 던지는 질문과 선택이다. 일과 삶에서 '나'를 중심으로 지속적인 질문을 던지고, AI 도구를 통해 효율을 높이면서도 인간적 가치를 유지하는 것이 중요하다.

지속 가능한 주제를 정하고, 인간적 연결을 강화하며, 에너지를 주는 활동을 반복하고, 나만의 루틴과 콘텐츠를 통해 자기 브랜드를 구축하는 것이 AI 시대를 주도하는 방식이다.

AI를 통해 더 빠르고 정확한 작업을 수행하면서도, 자신의 철학과 메시지를 명확히 표현하고 전파하는 것이 'AI 라이프 크리에이터'가 나아갈 방향이다. 오늘도 당신의 질문이, 당신만의 길을 만든다.

질문 노트

10년 후에도 탐구하고 싶은 주제 3가지를 적어 보라.
내가 진정으로 연결되고 싶은 사람들은 어떤 특징을 가졌는가?
반복해도 지치지 않는 나만의 활동을 하나 정의해 보라.
현재 나의 루틴에서 AI로 자동화할 수 있는 부분은 무엇인가?
내 콘텐츠가 해결하는 구체적인 문제는 무엇인가?

참고문헌

Csikszentmihalyi, M.(1990). *Flow: The psychology of optimal experience*. Harper and Row.

Harvard Business School(2024). Relationship capital in the digital age.

PwC Global. AI jobs barometer (London: PwC, 2024.5.20).

Rahe, M. L.(2025). Leveraging social ties to financial gains: Exploring the role of tie strength. *Journal of Business Research 171*.

Rajkumar, K.(2022). A causal test of the strength of weak ties. *Science 377*, no. 6612: 1304~1310.

07

포스트 라이프 크리에이터를 위한 콘텐츠 전략

AI가 콘텐츠 생산을 평준화한 지금, 진짜 경쟁력을 갖춘 사람만 살아남는다. 정보 전달이 아닌 깊은 연결, 기술 활용이 아닌 명확한 정체성이 새로운 차별화 요소다. 작은 확신에서 시작해 네 가지 콘텐츠 유형으로 브랜드를 설계하고, AI와 협업해 확장형 수익 모델을 구축하는 법을 배워 보자. 콘텐츠는 정체성을 말하는 언어를 짓는 일이다. 오늘 바로 실행할 수 있는 5단계 플랜까지 제시한다.

AI와 애니메이션?

AI 기술이 일상 속으로 깊이 들어오면서, 이제 누구나 콘텐츠를 쉽게 생산할 수 있게 되었다. 하지만 아이러니하게도 '진짜 콘텐츠 경쟁력'을 갖춘 사람만 살아남게 됐다.

지금까지 AI 시대 삶의 재설계법을 익혔다면, 이제는 그 설계를 세상에 알리고 수익으로 연결하는 콘텐츠 전략이 필요하다. 단순한 정보 전달을 넘어 진정한 영향력과 지속 가능한 수익을 만드는 콘텐츠 시스템을 구축해야 한다.

AI 시대 크리에이터의 경쟁력은 더 이상 정보를 얼마나 빠르고 정확하게 전달하느냐에 있지 않다. 진정한 경쟁력은 콘텐츠를 통해 독자와 깊이 연결되고, 자신의 정체성을 명확히 드러내며, 지속 가능한 성장을 설계하는 능력에 있다. 이러한 능력을 갖춘 사람을 '라이프 크리에이터(Life Creator)'라고 정의한다. AI 시대 라이프 크리에이터는, AI를 통해 삶과 일을 재설계하고, 그 과정을 콘텐츠로 명료하게 표현한다.

크리에이터에게 '콘텐츠'란 무엇인가?

콘텐츠 전략은 다음과 같은 핵심 질문들에서 시작된다. 이 질문들은 시대가 바뀌어도 흔들리지 않는 콘텐츠 전략의 본질이자 기준점이다.

> 나는 어떤 세상을 만들고 싶은가?
> 내 콘텐츠를 통해 독자에게 어떤 변화를 일으키고 싶은가?
> 사람들은 왜 내 이야기에 귀 기울여야 하는가?

이 질문들에 스스로 답할 수 있어야 하고, 그 답을 일관성 있게 콘텐츠에 녹여 내는 것이 중요하다. 브랜드 전략가 사이먼 시넥(Simon Sinek)은 《스타트 위드 와이(Start With Why)》에서 이렇게 말한다.

> "사람들은 당신이 무엇을 하는가보다, 왜 그것을 하는가에 공감한다."

AI는 훌륭한 도구다. 하지만 사람의 마음을 움직이는 이야기는 여전히 인간에서 비롯된다. AI 시대의 콘텐츠는 독자의 정서적 공감을 얻고, 깊이 있는 통찰을 공유하며, 지속적으로 관계를 확장하는 역할을 해야 한다. AI가 아무리 빠르게 글을 쓰고, 이미지를 만들고, 영상을 편집할 수 있어도 그 안에 담긴 의도, 윤리, 철학까지 설계할 수는 없다.

그렇기에 콘텐츠에는 인간 고유의 가치와 정체성이 반드시 담겨야 하며, 그 진정성이야말로 AI 시대 크리에이터의 가장 강력한 차별점이 될 것이다.

'작은 확신'에서 시작하는 콘텐츠 전략

'작은 확신'이란 외부의 시선이나 평가보다 자기 자신이 진정으로 몰입하고 즐거움을 느끼는 일에서 오는 내적 신뢰를 의미한다. 성과 관리 전문가 토니 슈워츠는 자신의 에너지가 흐르는 활동을 인지하고, 그것을 반복적으로 실천할 때 지속 가능한 성과가 만들어진다고 강조한다.

이 확신은 화려한 아이디어가 아니라, 삶에서 직접 체득한 질문과 실행에서 비롯된 내면의 신뢰로 작용한다. AI 시대의 개인 브랜딩은 결국, 이 작은 확신을 콘텐츠에 담고 일관된 태도로 반복하는 사람만이 살아남는 구조다. 그 결과는 곧 브랜드 메시지 → 신뢰 → 수익 모델이라는 선순환으로 이어진다.

몰입 경험 안에는 자신의 인지적 특성과 강점이 숨어 있으며, 실패 또한 가치 있는 자산으로 전환될 수 있다.

예시: 8살 여름, 개학하기 하루 전날이었다. 한 달 치 일기를

이날 하루에 몰아 썼다. 아침부터 글을 쓰기 시작해 점심도 거르고 온종일 몰입했던 기억이 난다. 어쩌면 수많은 콘텐츠를 생산해 내는 원동력이 된 경험일지도 모르겠다. 돌이켜 보면 8살 꼬마가 연필을 잡고 글쓰기도 쉽지 않았을 텐데, 팔이 아팠던 것 말고는 딱히 힘든 기억이 없다. 기억을 끄집어내기도 하고 하루에 있었던 일을 여러 일로 나눠 쓰기도 하고 작은 사건도 크게 부풀리기도 하면서 글쓰기가 이렇게 재미있을 수 있다는 걸 깨달았던 첫 경험이었다. 그렇게 얻게 된 '일기'라는 기록의 즐거움은 글쓰기를 친구로 만들어 주었다. 글쓰기는 좋을 때는 물론, 입시, 취업 등에 고배를 마실 때도 이 모든 건 과정일 뿐, 진짜 내가 가고자 하는 꿈의 방향성을 다시 짚어 볼 수 있었다. 기록은 단지 감정을 적어 두는 일이 아니라, 삶의 본질을 질문하고, 자신을 설계해 가는 도구가 되었다.

AI 시대, 메시지가 곧 생존력

다음 단계는 이 경험을 간결하고 명확한 메시지로 정리하는 것이다. 마케팅 구루 세스 고딘은 《모든 마케터는 거짓말쟁이다》에서 "성공하는 마케터는 세상이 듣고 싶어 하는 이야기를 전달한다"며 메시지의 중요성을 강조했다. 자신이 진심으로 믿는 바를 명료한 메시지로 표현하고, 이를 반복적으로 전달하는 것이 고객의 마음을 움직인다는 것이다. 자신의 경험과 가치를 기반으로 명확한 메시지를 설정할 때, 그 메시지는 개인 브랜드의 기둥이 된다.

이처럼 강력한 메시지는 단순한 슬로건을 넘어, 곧 '나'를 설명하는 언어가 된다. 그 언어를 통해 형성된 개인 브랜드는 AI 시대의 생존 전략으로 작용한다. 이제 사람들은 직업이나 직장보다 '자신의 세계관'을 중심으로 스스로를 설명한다. 브랜드 전문가 댄 쇼벨은 《당신을 브랜드로 만드세요》에서 "개인 브랜드는 당신이 방을 나간 후에도 사람들이 당신에 대해 말하는 것"이라며, 직업 타이틀보다 개인의 정체성과 가치가 더 큰 신뢰와 기회를 만든다고 강조한다.

메시지: "나는 누구인가?", "무엇을 세상에 전하고 싶은가?" 라는 질문을 통해, 나만의 브랜드 메시지를 정의해야 한다. 메시지는 명확하고 간결해야 하며, 온 · 오프라인에서 일관되게 반복되어야 한다.

"질문은 설계다. 그리고 당신의 질문이 곧 콘텐츠가 된다"

필자의 예를 들어 보겠다. 유튜브 채널 '기자김연지'의 핵심 메시지는 단순하다. 채널 크리에이터 '기자김연지'는 '단지 AI를 잘 쓰는 법을 알려 주는 사람이 아니라, 잘 묻고, 그 질문을 실천으로 연결하는 구조를 콘텐츠로 보여 주는 사람'이고 유튜브뿐만 아니라 뉴스레터, 인스타그램, 스레드 등에서의 메시지는 일관된다. 복잡한 기술보다 '질문에서 출발하는 실천'이라는 방향이 독자에게 확신을 준다.

AI 시대 퍼스널 브랜딩은 '나를 드러내는 기술'이 아니라 '나를 이해하는 구조'다

퍼스널 브랜딩은 예나 지금이나 거창한 자기 홍보에 머물지 않는다. 특히 포스트 라이프 크리에이터는 단순히 AI의 도움을 받아 콘텐츠 생산 속도를 높이는 데 머물러서는 안 된다.

AI 시대에는 '직업'보다 '역할'이 더 중요하다. 사람들은 이제 '어디를 다니는 사람'이 아니라, '어떤 세계관을 가지고 미션을 가진 사람'에 주목한다. 이제 개인 브랜드는 자신의 정체성을 기반으로 관계와 신뢰를 형성하는 과정이다. 이는 선택이 아니라 생존 전략이다.

예시: 기자김연지는 직업이 아닌 '역할'과 '세계관'으로 자신

을 설명하는 사람이다. 기자김연지는 기자이기만 한 사람이 아니다. AI 커뮤니케이터, 라이프 크리에이터, 퍼스널 브랜딩 전략가로서 '질문으로 나를 설계하고, 실행으로 연결하는 사람'이다. 사람들은 단순히 'AI를 알려 주는 사람'으로 기억하지 않는다. '나도 해 볼 수 있게 도와주는 사람'으로 기억한다. 그것이 곧 신뢰이며, 커뮤니티와 연결되는 이유다.

핵심은 기술보다 태도, 정보의 양이 아닌 스토리의 깊이, 단순한 생산보다 관계와 연결에 있다. 인간 창작자뿐만 아니라 AI가 만들어 낸 수많은 결과물과도 경쟁해야 하는 포스트 AI 시대에 결국 선택되는 콘텐츠는 '대체 무슨 생각으로 누가 만들었는가', '어떤 가치와 철학이 담겨 있는가'다. 기술의 평준화 속에서 진짜 차별화는 내가 어떤 태도로 이 콘텐츠를 만들었는지, 어떤 문제를 해결하려 했는지, 그리고 그 안에 나만의 언어와 세계관이 담겨 있는지에 달려 있다.

명확한 세계관과 핵심 질문에서 출발하라

AI 시대 콘텐츠 경쟁력의 핵심은 자신만의 명확한 세계관과 이를 드러내는 핵심 질문을 갖추는 데 있다. 포스트 라이프 크리에이터는 '왜'라는 질문을 콘텐츠의 중심에 두고, 자신만의 명확한 목적과 철학을 드러내야 한다. 이를 위해 AI 라이프 크리에이터는 콘텐츠를 다음 네 가지 유형으로 설계할 수 있다.

전문성 콘텐츠: 문제를 해결하며 신뢰를 쌓는다

전문성 콘텐츠는 내가 어떤 문제를 해결할 수 있는 사람인지 보여 주는 콘텐츠다. AI 도구 활용법, 프롬프트 전략, 자동화 루틴 같은 콘텐츠는 나의 사고력과 경험이 체계적으로 구조화되어 있을 때 빛난다.

콘텐츠에는 구체적인 사례, 단계별 실행법, 그리고 작은 성공 경험이 담겨야 한다. 독자가 콘텐츠를 보고 따라 해 볼 수 있을 만큼 실용적일 때, 비로소 전문성은 신뢰로 전환된다.

가장 중요한 포인트는 "'정보'가 아니라 '실행 흐름'을 어떻게 설계했는가"다.

공감형 콘텐츠: 감정의 흐름을 기록하며 연결한다

AI가 따라 하지 못하는 영역은 결국 '인간의 감정'이다. 내가 느끼고 깨닫고 좌절하고 다시 일어나는 모든 감정의 궤적은, 나만의 이야기이자 독자와의 연결 고리다.

에세이, 카드뉴스, 영상 일기처럼 스토리를 중심으로 구성된 콘텐츠는 나의 정체성과 세계관을 가장 솔직하게 드러낸다. 특히 내가 실패했을 때, 멈췄을 때, 다시 시작했을 때의 이야기들은 독자에게 큰 위로와 동기를 준다. 이 콘텐츠의 핵심은 완성도가 아니라, '진짜 내가 들어 있는가'다.

큐레이션 콘텐츠: 정보를 해석해 주는 나만의 시선이다

큐레이션 콘텐츠는 뉴스, 책, 콘텐츠 트렌드 등을 수집해 내가 중요하다고 생각하는 관점으로 재구성한다.

정보는 넘쳐난다. 이제는 '정보를 제공하는 사람'이 아니라, '정보를 해석하고 연결하는 사람'이 주목 받는다. 단순히 정보를 전달하는 것을 넘어서, "왜 이게 지금 중요할까?", "여기서 우리가 뽑아야 할 인사이트는 무엇일까?"를 더해 주어야 큐레이션의 가치가 생긴다. 나만의 언어와 관점이 담긴 큐레이션 콘텐츠는 전문성과 철학을 동시에 전달하는 콘텐츠 자산이 된다.

확장형 콘텐츠: 관계를 확장하고 브랜드를 공동 설계하는 방식이다

확장형 콘텐츠는 챌린지, 워크북, 인터뷰, 실습형 콘텐츠

표 7-1. 콘텐츠의 네 가지 유형

콘텐츠 유형	주요 목적	대표 포맷	성과 지표 예시
전문성 콘텐츠	신뢰 확보, 정보 제공	블로그, 뉴스레터, 튜토리얼 영상	저장수, 전환율, 백링크 생성수
공감형 콘텐츠	감정 연결, 인간성 전달	에세이, 카드뉴스, 영상 일기	댓글 수, 공유 수, 공감 메시지
큐레이션 콘텐츠	통찰 제공, 관점 강조	뉴스레터, 콘텐츠 브리핑 카드	클릭률, 재방문율, 공유율
확장형 콘텐츠	관계 구축, 참여 유도	챌린지, 인터뷰, 워크북	참여율, 구독자 콘텐츠 생산수, 커뮤니티 활성도

처럼 참여 기반 콘텐츠로 구성된다.

콘텐츠는 혼자 만드는 것이 아니다. 내가 만든 콘텐츠에 독자가 참여하고, 함께 확장할 수 있을 때, 브랜드는 비로소 '나를 넘어서는 힘'을 갖게 된다.

확장형 콘텐츠는 '21일 실천 챌린지', '독자 인터뷰', '질문 워크북' 등 독자가 자신의 이야기로 콘텐츠 안에 들어올 수 있게 만든다. 이때 무엇보다 가장 중요한 것은 콘텐츠를 설계하는 힘뿐만 아니라, 관계를 지속하는 태도다.

콘텐츠를 설계한다는 것은 '정체성을 말하는 언어를 짓는 일'이다. 콘텐츠 유형은 단지 형식이 아니라, 내가 세상과 어떻게 연결되고 싶은지를 설계하는 방식이다. 전문성 콘텐츠는 나의 실력을 보여 주는 도구이고, 공감형 콘텐츠는 나의 진심을 보여 주는 창이며, 큐레이션 콘텐츠는 나의 관점을 보여 주는 렌즈이고, 확장형 콘텐츠는 나와 세상의 관계를 엮는 다리다.

당신의 콘텐츠가 어떤 이야기를 담고 있든, 중요한 것은 '그 이야기를 누구의 언어로 누구와 함께 쓸 것인가'에 달렸다. 그리고 그 질문에 꾸준히 답하는 과정에서, 우리는 콘텐츠로 나를 설계해 가게 된다. 작은 질문 하나, 짧은 글 하나도 결국 브랜드를 이루는 씨앗이 된다.

AI와 협업하여 콘텐츠 경쟁력을 극대화하는 방법

AI는 콘텐츠 생산 과정에서 반복적인 업무를 자동화하고, 콘텐츠 아이디어 생성, 초기 원고 작성, 자료 조사 등에서 생산성을 극대화할 수 있는 도구다. 즉 포스트 라이프 크리에이터의 경쟁력은 AI 도구를 얼마나 잘 활용하는지에 따라 크게 달라진다.

예를 들어 AI 기반의 브레인스토밍을 통해 콘텐츠 아

이디어를 폭발적으로 생성하거나, AI 프롬프트 엔지니어링을 통해 콘텐츠 제작의 초기 단계에서 효율성을 높일 수 있다. AI 도구는 또한 독자 피드백과 분석을 통해 콘텐츠 품질을 지속적으로 높이는 데에도 탁월하다.

반드시 기억해야 할 것은 콘텐츠의 영향력은 인간적 통찰과 마음을 움직이는 고유한 스토리에서 나온다는 것이다. 따라서 AI를 단순한 생산성 도구로만 여기는 것이 아니라, 깊은 사고와 창의성을 자극하는 사고 파트너로 활용할 수 있어야 한다.

포스트 라이프 크리에이터를 위한 확장형 모델

AI 시대 라이프 크리에이터는 콘텐츠 수익 전략을 설계하는 능력 자체가 생존력이다. 단순히 글을 잘 쓰거나 영상을 만드는 것을 넘어, 그 콘텐츠가 어떻게 반복 수익으로 전환되는지, 어떤 방식으로 자동화되고 확장되는지를 이해하고 실행할 수 있어야 한다.

기존의 수익화 전략은 여전히 유효하지만, AI 도구의 활용, 다국어 자동화, 원소스 멀티 유즈(One Source Multi Use) 구조를 결합하면 크리에이터의 수익화는 더 이상 '시간=돈'의 공식에 갇히지 않는다.

다음은 AI 크리에이터를 위한 대표적인 수익화 모델

이다.

디지털 자산화: AI로 빠르게 만들고, 다국어로 확장

디지털 자산화는 AI 크리에이터가 가장 먼저 설계할 수 있는 수익 전략이다. 자신의 경험, 지식, 시스템을 구조화하여 전자책, 템플릿, 온라인 강의, 자동화된 코스로 제작한 뒤, AI 도구를 활용해 효율적으로 운영한다.

챗GPT, 노션AI(Notion AI), 감마(Gamma) 등의 툴을 활용해 강의안을 빠르게 구성할 수 있다. 콘텐츠는 자동 번역과 현지화를 통해 다국어 버전으로 쉽게 확장된다. 하나의 콘텐츠를 텍스트, 영상, 워크북 등으로 변환하는 원소스 멀티 유즈 전략이 필수다.

> 예시: AI 프롬프트 전략을 구조화한 프롬프트 라이브러리 등 디지털 강의는 국내외 플랫폼, 기업 교육, 심화 워크숍 등에서 반복 수익을 창출한다.

커뮤니티 기반 구독 모델: '관계'를 기반으로 반복 수익 창출

AI 도구로 콘텐츠를 제작하고 배포하는 속도가 빨라진 만큼, '누구와 연결되었는가'가 더 중요해졌다. 독자 또는 참여자와의 정기적 관계를 중심으로 한 커뮤니티형 수익 모델은 높은 지속성과 충성도를 가진다.

정기 구독 뉴스레터(스티비, 메일리, 서브스택 등), 유료 챌린지와 그룹 실습(예: 21일 AI 루틴 챌린지), 프리미엄 커뮤니티 입장권(노션, 디스코드 기반 운영) 등의 구조는 관계 기반의 신뢰를 자산화하며, 굿즈, 템플릿, 수업 시리즈로도 자연스럽게 확장 가능하다.

예시: '모닝레시피 챌린지'는 루틴 기반 실천형 커뮤니티로, 유료 챌린지 → 커리큘럼 판매 → 클래스/ 굿즈로 이어지는 수익 선순환을 만들어 낸다.

콘텐츠 기반 서비스: 콘텐츠가 곧 계약서를 대신한다

콘텐츠를 기반으로 한 프리미엄 워크숍, 1:1 코칭, 비즈니스 컨설팅, 협업형 프로젝트 PM 등이 이에 해당한다.

콘텐츠는 단순 정보 전달을 넘어서, 고부가가치 서비스의 입구 역할을 한다. 특히 영상, 뉴스레터, 블로그 등에서 지속적으로 자신만의 방법론을 설계해 보여 주는 것은 곧 자문, 강연, 코칭으로 이어질 수 있다.

예시: 'AI 레시피' 뉴스레터는 유입 채널로 작동하며, 이를 통해 도서 계약, 기업 자문, 강의 요청 등 고단가 프로젝트로

확장된다.

브랜드 협업 및 파트너십 – 크리에이터의 세계관은 상품이 된다

앞서 언급한 1,2,3번을 하다 보면 크리에이터는 자연스럽게 자신만의 철학, 세계관, 문제 해결 방식이 담긴 브랜드를 구축하게 된다. 이 브랜드는 다양한 파트너십의 기반이 된다.

이에 따라 타 브랜드와의 콜라보 콘텐츠 제작, 공동 강의 시리즈 및 출판 프로젝트, 브랜디드 굿즈, AI 모델 커스터마이징, 챗GPT 플러그인, 노션 템플릿 제공 등으로 확장할 수 있다.

예시: 개인 브랜드와 연동된 챗GPT 프롬프트 시리즈를 기업 서비스에 맞춤 제공하며, 라이선스 수익도 가능하다.

기록 자산화: 모든 콘텐츠는 장기 수익 파이프라인이 된다

AI를 활용하면서 콘텐츠 생성 방법은 쉬워지고 그 시간도 줄었지만, 콘텐츠를 생성한다고 해서 모두가 브랜드가 되진 않는다. 기록과 정리, 연결의 기술이 브랜드의 지속 가능성을 결정하기 때문이다. 꾸준히 일관성을 갖고 아카이브된 콘텐츠만이 미래 협업, 계약, 출판, 교육 제안의 자산이 된다.

유튜브, 블로그, 뉴스레터는 검색과 공유로 장기 유입을 유도하며, 브런치, 스레드 등은 브랜드 서사의 연대기를 만드는 역할을 한다. 각 채널은 검색 엔진 최적화(SEO, Search Engine Optimization)를 고려해 키워드 중심으로 설계하는 것이 좋다.

예시: 콘텐츠 아카이브를 기반으로 한 포트폴리오는 AI 교육 기관, 공공기관, 대학 등과의 협업 계약으로 이어진다.

AI 시대 콘텐츠 제작에서 AI는 속도와 확장을 맡고, 인간은 철학과 메시지를 책임진다. 그렇다면 AI 시대, 라이프 크리에이터는 이 두 축을 모두 설계할 수 있어야 한다. 이제는 하나의 콘텐츠를 넘어서, 하나의 지속 가능한 세계관을 수익화하는 전략이 필요한 시대이기 때문이다. 그 첫걸음은, "당신의 콘텐츠가 누구를 위해 설계되었는가"를 묻는 질문에서 시작된다.

결국 AI 시대의 포스트 라이프 크리에이터는 기술의 편리함에만 의존하는 것이 아니라, 자신만의 명확한 가치와 철학을 콘텐츠로 지속적으로 표현해야 한다. 인간적 공감을 통해 독자와 관계를 확장하고, 전문성과 진정

표 7-2. AI 시대 수익화 전략 정리

전략 유형	활용 방식	확장 포인트	도구 예시
디지털 자산화	전자책, 강의, 템플릿, 툴킷	다국어 번역, 멀티유즈	노션 AI, 감마, 챗GPT
커뮤니티 구독모델	뉴스레터, 챌린지, 프리미엄 모임	정기구독 → 콘텐츠 제품화	서브스택, 스태디, 디스코드
콘텐츠 기반 서비스	강연, 자문, 코칭, 워크숍	콘텐츠 → 계약 연결	유튜브, 브런치, 클래스101
브랜드 협업	콜라보 상품, 공동 기획, 라이선싱	브랜드 공동 제작, 기능 연동	브랜드 CMS, 챗GPT API 활용
기록 자산화	블로그, 유튜브, 인스타그램, 스레드 정기 운영	검색 유입, 포트폴리오화	SEO 툴, SNS 자동화 도구

성을 기반으로 지속 가능한 수익 모델을 만드는 콘텐츠 전략이야말로 AI 시대를 선도할 새로운 경쟁력이다.

포스트 라이프 크리에이터 5단계 실행 플랜

AI 도구가 손끝에 자리한 지금, 콘텐츠 수익화는 더 이상 먼 이야기로 남지 않는다. 중요한 것은 "언제 시작할까?"가 아니라 "지금 무엇부터 해 볼까?"다.

아래 다섯 단계를 그대로 따라 하면, 첫 번째 수익 파이프라인을 만들 수 있다. 어렵게 느껴진다면 하루에 하나씩만 실행해 보시기 바란다. 중요한 것은 속도가 아니라 '한 번이라도 해 보는 경험'이다.

디지털 자산화: 48시간 안에 완성하는 '미니 제품'

1. 오늘 하루 동안 가장 많이 받은 질문을 스마트폰 메모장에 정리한다.
2. 그 답을 세 문단, 세 단계, 세 체크리스트로 간단히 나눈다.
3. 챗GPT에게 "이 내용을 전자책 형태로 10쪽으로 요약해줘"라고 요청한다.
4. 캔바(Canva) 템플릿을 열어 AI가 만들어 준 요약을 붙여 넣고 피디에프(PDF)로 저장한다.
5. 크몽 · 탈잉 같은 플랫폼에 업로드해 바로 판매를 시

작한다.

포인트 : 완벽을 기다리지 않고 작게라도 팔아 보는 경험이 중요하다. 한 번 판매 알림이 울리면 자신감은 두 배가 된다.

커뮤니티 구독: 7일 챌린지로 '관계'를 만들기

1. 전자책 구매자에게 '7일 실전 챌린지'를 무료로 초대한다.
2. 노션 혹은 디스코드 방을 열고, 6시 기상 인증, 다이어리 쓰기, 매일 글쓰기 한 줄 실행 등 미션을 올린다.
3. 첫 주가 끝나면 프리미엄 멤버십(월 구독)을 제안한다.

포인트 : 참여율이 30%를 넘기면 구독 전환 가능성이 높아진다. 참여자는 '정보'보다 '함께하는 리듬'을 원한다.

콘텐츠 기반 서비스: '문제 해결 세션'으로 바로 매출을 올린다

1. 커뮤니티에서 가장 자주 반복된 고민을 찾는다.
2. 60분 1:1 또는 그룹 ZOOM 세션을 만든다.

3. 캘린들리(Calendly) 예약 링크와 간단한 결제 페이지(토스 · PayPal)를 준비한다.
4. 세션 후 24시간 안에 요약 리포트를 챗GPT로 정리해 자동 발송한다.

포인트: 빠른 피드백과 요약 자료는 재구매율을 올려준다. '집으로 돌아가는 길에 이미 가치가 배달된다'는 느낌을 주는 것이 포인트다.

브랜드 협업: 내 세계관과 맞는 파트너 찾기

1. 챗GPT에게 '내 콘텐츠 키워드와 어울리는 새스(SaaS) 도구 목록'을 요청한다.
2. 마음에 드는 도구를 직접 사용해 무료 체험 리뷰 콘텐츠를 제작한다.
3. 조회 수 · 클릭 수 데이터를 근거로 협업 제안서를 보낸다.

포인트: 숫자로 말하면 협업이 빠르다. 리뷰-데이터-제안의 3단계를 기억하라.

기록 자산화: 모든 결과물을 한곳에 모으기

1. 블로그 · 유튜브 · 뉴스레터에 동일한 키워드 태그를 사용한다.
2. 월 1회 '아카이브 정리 글'을 발행한다.
3. 미디어 키트(소개 PDF)를 항상 최신으로 유지한다.

포인트: 정리된 아카이브는 24시간 일하는 무제한 영업 사원이 된다. 과거 글이 미래 제안을 당겨 온다.

실행 체크리스트(4주 로드맵)

1주차: 첫 판매 경험

전자책 제작 · 업로드 → 첫 구매 데이터 수집

2주차: 관계 만들기

챌린지 개설 → 참여율 30% 목표 → 유료 세션 안내

3주차: 브랜드 확장

파트너 협업 콘텐츠 제작 → 제휴 제안서 발송 → 미디어 키트 업데이트

AI가 속도를 책임진다면, 당신은 방향을 선택한다. 오늘 한 걸음만 실행해도 내일은 이미 다른 길 위에 서게 된다. '언젠가'라고 미루지 말고, 지금 이 책을 덮자마자

첫 메모부터 적어 보시기 바란다. '작은 시작'은 늘 예상보다 큰 변화를 데려온다.

참고문헌

Godin, S.(2005). *All marketers are liars: The power of telling authentic stories in a low-trust world.* Portfolio.

Schawbel, D.(2013). *Promote yourself: The new rules for career success.* St. Martin's Press.

Schwartz, T. et al.(2010). *The way we're working isn't working.* Free Press.

08
나답게 삶을 재설계하는 시간 설계법

AI 시대 진정한 경쟁력은 시간 관리가 아닌 시간 설계에 있다. 효율적 소비를 넘어 에너지 흐름을 중심으로 삶을 재구성하는 것이 핵심이다. 24시간 재편집부터 90분 블럭 루틴까지, 자기 삶의 중심을 지키며 주도권을 되찾는 구체적 방법을 제시한다. 시간은 관리 대상이 아닌 설계 도구다. 질문에서 시작하는 시간 설계가 곧 나다운 삶을 만드는 열쇠다.

AI와 인재 채용?

AI 시대에 '나다운 삶'을 설계한다는 것은, 시간이라는 자원을 단지 효율적으로 소비하는 것을 넘어 자신을 깊이 이해하고, 삶의 가치와 에너지 흐름을 중심으로 재구성하는 것을 의미한다. 변화와 불확실성이 일상이 된 지금, 자기 삶의 중심을 지키기 위한 핵심 역량은 '자기 설계 능력'이다. 그리고 시간은 그 설계를 구체화하는 가장 현실적인 도구다.

필자 역시 기자에서 AI 커뮤니케이터로 전환하며, 매번 흘러가는 시간을 '설계할 수 있는 재료'로 보려고 노력해 왔다. 여기서는 실제로 시험해 본 다섯 가지 접근법을 중심으로, 시간 설계를 통해 삶의 주도권을 되찾는 방법을 담았다.

24시간 재편집하기: 수익보다 에너지 중심의 시간 설계법

많은 사람이 효율적인 시간 관리에 관심을 쏟지만, 진짜 지속 가능한 성공과 웰빙을 이루는 사람들은 시간보다 '에너지 관리'를 우선시한다. 같은 한 시간이라도 에너지 수준에 따라 성과가 다르기 때문이다. 다니엘 핑크의 연구에 따르면, 인간은 오전 중 2~4시간 정도 최고의 집중력을 발휘한다(Pink, 2018). 이 황금 시간대에 집중력이 필요한 창의적 작업이나 전략적 의사 결정을 배치하면 생산성을 극대화할 수 있다.

동시에 에너지는 무한하지 않기 때문에 회복 루틴도 중요하다. 심리학자 칙센트미하이에 따르면 몰입 상태에 도달한 후에는 반드시 회복이 필요하며, 이 때 산책이나 스트레칭 같은 마이크로 리커버리 활동이 효과적이다. 디지털 미니멀리즘을 통해 SNS나 메신저의 알림을 최소화하면, 더 안정된 에너지 흐름을 유지할 수 있다(Newport, 2019).

필자 역시 아이를 낳고 기르면서, 나만의 시간이 절대적으로 부족해져서 에너지 흐름으로 하루를 나누어 쓰고 있다. 아이들이 잘 때 같이 일찍 잠들고, 새벽 5시나 6시 일어나 아직 세상이 고요한 시간대를 '집필 골든타임'으로 고정했다. 이렇게 한 달만 지나도 글 완성도와 작업 속도가 동시에 올라갔다. 무엇보다 초과 근무가 줄어들어 가족과 보내는 시간이 자연스럽게 늘었다. 출근과 등원 준비 탓에 아무리 길어야 한두 시간이지만, 이 한두 시간도 365일이 매일 쌓이고 3년, 5년이 지나니 이렇게 AI 커뮤니케이터, 라이프 크리에이터로서의 삶을 살게 됐다.

처음 습관을 형성할 때는 완벽주의를 내려놓고 작은

행동을 반복하는 것이 중요하다. 작은 성공 경험이 쌓이면 자존감도 높아지고, 장기적으로 긍정적인 변화를 이끌어 내는 원동력이 된다.

본업과 부캐가 아닌 삶의 통합적 축으로 설계하기

이제 사람들은 하나의 직업이 아니라 여러 개의 역할로 자신을 설명한다. 즉 본업과 부캐를 분리하지 않고 삶의 한 축으로 통합해야 한다. 퍼스널 브랜딩은 단순히 부캐를 만드는 게 아니라, 삶 전반에 자신의 정체성과 가치를 깊숙이 연결하는 과정이다.

이를 위해서는 "나는 누구인가?", "내가 해결하고 싶은 문제는 무엇인가?", "나는 세상에 무엇을 나누고 싶은가?"라는 질문을 꾸준히 던지고 답을 찾아야 한다. 이는 나의 강점과 관심사를 구체적인 커리어와 콘텐츠로 연결하는 방법이다. 예를 들어 건강과 미용 분야에 관심이 있다면 AI 기반의 맞춤형 건강관리 콘텐츠를 만들어 개인 브랜드로 확장할 수 있다.

송길영 마인드 마이너는 저서 《그냥 하지 말라, 2020》에서 미래 사회를 '연결 중심 사회'로 정의한다. 즉 프로젝트와 사람 간의 유연한 연결이 중요하며, 사회적 인간

지능을 활용하여 관계 중심의 브랜드 전략을 설계해야 한다. 고객이나 구독자와의 관계 역시 정보 전달보다는 신뢰와 정서적 유대 구축이 먼저다.

기자를 그만두고 새로운 도전을 시작할 당시, 언론사를 떠남과 동시에 "'기자김연지'의 정체성이 사라져 버리는 건 아닐까" 하는 두려움 또한 컸다. 그래서 고민 끝에 본업과 부캐를 나누는 대신 '나는 질문으로 더 나은 삶을 안내하는 사람, 설계하는 사람'이라는 하나의 문장으로 정체성을 통합했다.

이 문장을 기준으로 강연, 뉴스레터, 유튜브, 모닝레시피 챌린지 같은 프로젝트를 모두 '질문 설계'라는 큰 축에 연결했다. 직업이 아니라 역할과 세계관으로 자신을 설명하니, 새로운 제안이 들어와도 '질문 설계에 도움이 되느냐'만 점검하면 수락 · 거절이 명확해졌다. 결과적으로 여러 일을 병행해도 에너지가 분산되지 않았고, 콘텐츠 간 메시지가 일관돼 독자 신뢰도 함께 높아졌다.

몰입과 생산을 이끄는 나만의 90분 블럭 루틴

마감에 쫓기는 기자들은 특히 속보 전쟁, 단독 전쟁으로 카페인을 물처럼 섭취하며 뇌를 혹사하기 일쑤다. 그러다 허리 디스크와 끊이지 않는 잔병치레를 겪으면서 알게 된 게 울트라디안 리듬이다. 90분 집중, 20분 회복 리듬을 지키는 것이다.

지속적으로 높은 성과를 내는 사람들은 시간 단위가 아닌 '에너지 흐름 단위'로 루틴을 설계한다. 특히 인간의 울트라디안 리듬(Ultradian Rhythm)-생체 리듬 연구의 선구자 네이선 클레이트먼(Nathaniel Kleitman)에 따르면, 약 90분간의 집중 후 15~20분간의 회복 시간을 갖는 것이 최적의 몰입과 생산성을 만들어 낸다.

이 연구의 핵심은 90분의 집중 뒤에는 반드시 짧은 휴식을 통해 뇌의 회복을 유도해야 한다는 것이다. 이때는 걷기, 명상, 가벼운 스트레칭처럼 자극을 최소화하는 활동이 가장 효과적이다. 또 하나의 작업에 집중하는 싱글태스킹(single-tasking)이 멀티태스킹보다 효율적이고 뇌의 피로도를 줄여 주는 것으로 나타났다.

지금도 필자는 회사에서 업무를 보든, 회의를 하든, 콘텐츠를 만들든 90분이 지나면 노트북을 덮고 무조건 의자에서 일어난다. 20분간 간단한 요가 동작을 하거나 현관 밖을 천천히 걸으며 몸을 풀고 돌아온다. 돌아와서 노트를 열면 문장이 더 가볍게 이어진다. 이렇게 하고 난 이후로는 확실히 '몰입 스위치'가 더 빨리 켜지고, 회복 스위치 역시 자연스럽게 작동한다.

중요한 점은 누구나 집중이 잘 되는 시간대와 환경이 다르다는 것이다. 따라서 자신만의 몰입 조건과 최적의 시간대를 먼저 파악하는 것이 우선이다. 단 어떤 시스템도 나를 통제하는 수단이 아니라, 나를 돕는 도구가 되어야 한다.

몰입 상태는 시간이 멈춘 듯한 깊은 집중의 흐름(flow)으로, 이 순간 우리는 최고의 창의성과 생산성을 발휘하게 된다. 따라서 나만의 몰입 조건을 구체화하고, 그것을 매일 반복 가능한 루틴으로 설계하는 것, 그것이 진짜 지속 가능한 성과로 이어지는 길이다.

AI 도구를 활용한 시간 설계 강화법

AI 시대에는 생산성 도구와 AI를 결합한 '스마트 시간 설계법'이 필수다. 생성형 AI 도구는 개인의 업무 효율성을 극대화하며, 반복적이고 지루한 작업을 자동화해 창의적인 일에 더 많은 시간을 쓸 수 있도록 돕는다.

예를 들어 이메일이나 일정 관리를 AI 기반 도구로 자동화하거나, 콘텐츠 아이디어 브레인스토밍을 AI와 협업하여 시간을 절약할 수 있다. GPT 기반 도구는 글쓰기 초안을 빠르게 작성할 수 있게 해 주고, 개인 맞춤형 학습 계획이나 건강관리 계획도 AI를 활용하여 더욱 효율적으로 설계할 수 있다.

시간은 관리가 아니라 설계의 대상

결국 시간은 단순히 관리해야 하는 대상이 아니라, 자신의 삶을 깊이 이해하고 설계하는 핵심적인 도구다. 삶의 가치와 방향성을 명확히 한 뒤, 이를 중심으로 시간을 설계하면 지속 가능한 성공과 만족감을 얻을 수 있다.

에너지 중심의 시간표를 구축하고, 삶의 다양한 역할과 정체성을 유기적으로 연결하며, 몰입과 회복을 균형 있게 설계할 때 진정한 자기다움과 퍼스널 브랜드가 완성된다. AI 도구를 적절히 활용하면 생산성과 창의성을 동시에 높이며, 더 많은 사람과 더 깊게 연결될 수 있다.

필자는 하루를 마칠 때 '모닝레시피 다이어리'에 세 줄을 적는다.

① 오늘 에너지가 가장 높았던 순간

② 오늘 하루 가장 감사한 일

③ 내일 한 단계 나아갈 방법

이 기록은 단순한 일지가 아니라 다음 날 시간표를 재설계하는 재료가 된다. 예컨대 "메일 답장을 쓰느라 시간을 많이 소요했다"는 메모가 이어지면, 자동 회신 템플릿을 만들고 답장 시간을 오후 한 시 이후로 고정한다. 일주일만 지나도 일정표가 '통제 불가 목록'에서 '내가 설계한 지도'로 바뀐다.

AI 시대의 진정한 경쟁력은 정보를 얼마나 많이 소유했느냐가 아니라, 질문을 얼마나 깊고 명확하게 던지느냐에 달려 있다. 시간 설계 역시 질문에서 시작한다.

"나는 내 삶과 시간에 대해 어떤 질문을 던지고 있나요?"

이 질문에 답을 찾는 것이 AI 시대에 나답게 살아가는 방법이다.

참고문헌

Kleitman, N.(1963). *Sleep and wakefulness(midway reprints)*. The University of Chicago Press.

Newport, C.(2019). *Digital minimalism*. Portfolio.

Pink, D.(2018). *When: The scientific secrets of perfect timing*. Riverhead Books.

Sinek, S.(2009). *Start with why*. Portfolio.

09
지속 가능한 내면 성장 전략

AI가 콘텐츠 생산을 평준화한 지금, 진짜 차별화는 꾸준함에서 나온다. 기술이 주는 속도와 편의는 모두에게 동일하지만, 흔들림 없이 나만의 길을 걷는 지속력은 연습으로만 길러진다. 나를 붙드는 한 문장부터 10년 동행 설계까지, 꾸준함을 시스템으로 만드는 여섯 가지 구체적 방법을 제시한다. 진정한 성장은 숫자가 아닌 지속하는 나 자신에서 나온다. 오늘 바로 실천할 세 가지 액션플랜으로 마무리한다.

AI와 기자?

생성형 AI 등장으로 누구나 쉽게 콘텐츠를 만들 수 있는 세상이 되었다. 그러나 콘텐츠를 꾸준히 만들며 자신의 메시지를 일관되게 전하는 일은 여전히 쉽지 않다. 기술이 열어 준 속도와 편의성은 누구에게나 동일하게 주어지지만, 그 안에서 흔들림 없이 나만의 길을 걷는 꾸준함은 연습으로만 길러지는 역량이다. 이 장에서는 책을 덮자마자 바로 실천할 수 있도록, 꾸준함을 시스템으로 만드는 구체적 방법을 제안한다.

나를 붙드는 '한 문장'을 설계하라

8살 때 밥 먹는 것도 잊을 정도로 일기 쓰기에 몰입했던 필사의 경험과 마찬가지로, 누구나 일상에서 자신의 진정한 열정을 발견할 수 있다. 꾸준함은 외부 동기보다 내부 기준에서 시작한다. 어린 시절 아무런 보상을 바라지 않고 몰입했던 경험을 떠올려 보자. 그때의 감정 · 행동 · 환경을 글로 적어 내려가면 자신의 본질적인 열정과 가치관이 선명해진다.

그런 다음 나라는 존재, 혹은 내가 하는 일의 핵심 가치를 15자 안팎 한 문장으로 압축한다. "나는 질문으로 세상을 설계합니다", "나는 창의적 해법으로 사람을 돕습니다"처럼.

이 문장을 휴대폰 잠금 화면이나 다이어리에 적어 두고, 흔들릴 때마다 소리 내어 읽어 보자. 짧고 단순한 문장이 내면의 나침반이 되어 방향을 잃지 않게 한다.

이는 곧 '나는 누구인가'라는 질문에 답하는 과정이며, 자신만의 가치관을 정립하고 삶의 방향을 설정하는 나침반 역할을 한다. 예를 들어 마음속에 부정적인 생각이 피어날 때마다 "나는 잘하고 있다. 나의 길을 가고 있다"와 같은 긍정적인 언어로 자신을 지지하고 자아 확신을 키우는 것이 중요하다. 외부의 시선이나 실패에 대한 두려움("부모님이 싫어하실 거예요", "친구들이 비웃을 거예요", "제가 실패한다면, 바보처럼 보이지 않을까요?")에 갇히지 않고, 자신의 길을 일관되게 지켜 나갈 때 흔들리지 않을 수 있다.

5·3·1 비전으로 목표를 계단처럼 나눈다

꾸준함을 습관으로 만들려면 장거리 경로를 계단 구조로 설계해야 한다. 먼저 5년 뒤에 이루고 싶은 대표 콘텐츠 세 가지를 글로 그린다. 숫자보다는 "누구의 어떤 문제를 해결하고 있는가"를 묘사하는 편이 좋다.

다음으로 그중 하나를 골라 3개월 프로젝트로 세분화하고, 마지막으로 매주 한 번 실행할 수 있는 루틴으로 쪼갠다. 예를 들어 'AI 프롬프트 강의를 제작한다'는 목표를 세웠다면, 3개월 안에 12편의 영상을 만든다고 쪼개고, 매주 월요일마다 스크립트를 작성해 수요일에 촬영 · 금요일에 업로드하는 구조를 잡는다. 캘린더 앱에 같은 색상으로 반복 알림을 설정하면 '보이는 목표'가 만들어져 행동 유도가 훨씬 쉬워진다.

숫자 대신 지속성을 측정하라

콘텐츠 지표를 점검할 때 조회 수나 팔로워 수만 보면 스트레스를 받을 수밖에 없다. 대신 완료율 · 참여율처럼 내가 직접 통제할 수 있는 지표를 설정한다. 예를 들어 3개월 동안 '업로드 완료율 90%', '챌린지 참여자 유지율 60%' 같은 지표를 잡고 매주 구글 시트에 체크만 해도 꾸준함의 정도를 한눈에 확인할 수 있다. 이렇게 과정 지표를 관리하면 외부 숫자에 휘둘리지 않고 성장을 지속할 수 있다.

AI를 피드백 파트너로 활용하기

AI는 빠른 검토와 반복 학습에 강점을 가진다. 콘텐츠를 게시한 뒤 챗GPT에 '명확성 · 흐름 · 행동 유도 요소를 기준으로 300자 피드백'을 요청해 보자. AI가 지적한 부분을 다음 원고에 바로 반영하면 품질이 주차별로 눈에 띄게 향상된다.

또한 AI 요약 기능으로 학습 영상을 10분 내에 핵심만 정리하면, 매주 금요일 학습 복습 시간이 절약돼 새 아이디어를 구상할 여유가 생긴다. 작은 자동화가 꾸준함을 더 쉽게 만들어 준다.

1년 프로젝트가 아닌 10년 동행으로 설계하기

성공은 단시간에 이루어지는 것이 아니며, 꾸준함과 인내가 필요하다. 삶과 목표를 1년 단위의 단기 프로젝트가 아닌 5년, 10년 이상의 장기적인 동행으로 설계하는 것이 중요하다. 이러한 장기 목표는 여러분의 '장기적인 포부를 나타내며 의사 결정을 안내하는 역할'을 한다.

긴 여정을 위한 꾸준함은 '반복적인 행동'을 통해 습관으로 형성되며, 이는 지속적인 노력으로 이어진 단단한 자존감과 '긍정의 사이클'을 만들어 낸다. 이러한 장기적인 관점에서 목표를 설정하고 '정적으로 검토를 실시하여 진행 상황을 평가하고, 필요한 경우 목표를 조정'해야 한다. 이는 AI 시대에 급변하는 환경 속에서도 '변화에 유연하게 대처하는 능력'과 '지속적인 학습과 성장'을 가능하게 한다.

성장의 증거는 숫자가 아니라 '지속하는 나'

진정한 성장은 외부의 수치적 지표(예: 매출, 조회 수)에만 얽매이지 않고, 자신만의 내면적 만족과 지속적인 발전 과정에 초점을 맞출 때 이루어진다. '퍼스널 브랜딩'의 목표는 단순히 유명해지는 것이 아니라, '나다움'을 정의하고 이를 일관되게 지켜나가는 것이다.

콘텐츠 마케팅에 비유하자면, 단순히 높은 조회 수나 도달 수치만이 성공을 의미하는 것이 아니다. 오히려 콘텐츠가 담고 있는 메시지가 '타기팅 된 소수의 문제를 정확히 해결해 주고 가치를 남겼는지'가 중요하다. 이는 자신의 전문성과 개성을 드러내어 차별화된 이미지를 구축하고 신뢰를 쌓는 과정이며, 결국 자신만의 독특한 가치와 정체성을 전달하는 데서 빛을 발한다.

성장은 '자신을 믿고 긍정적인 태도로 나아가는 것'에서 시작된다. 이는 '실패를 두려워하지 않고 시도하는' 자세, 즉 실패를 성장의 밑거름으로 삼고 계속 도전하는 회복력과도 연결된다. 나아가 자신의 강점을 파악하고 약점을 보완하며, 끊임없이 자신을 개선하는 과정 자체가 자아 개발이자 성장의 증거가 된다.

따라서 진정한 성장은 외부의 숫자나 타인의 인정이 아니라, 스스로 끊임없이 탐구하고 발전하며 '자기다운 모습'을 꾸준히 유지하고 강화하는 데 있다.

꾸준함은 시스템

AI가 속도를 책임진다면 인간은 방향과 일관성을 책임져야 한다. 오늘 할 일은 세 가지뿐이다.

1. 나만의 신념 문장을 휴대폰 잠금 화면에 넣는다.
2. 5 · 3 · 1 계단 목표를 캘린더 색상으로 시각화한다.
3. 이번 주 안에 첫 번째 콘텐츠를 업로드한다.

작은 실행이 습관이 되고, 습관이 꾸준함을 증명한다. 시간은 꾸준히 움직이는 사람에게만 복리로 보상한다. AI 시대의 경쟁력은 결국 '얼마나 빨리 시작했는가'가 아니라 '얼마나 오랫동안 멈추지 않았는가'다.

10
나다움과 질문으로 시대를 설계하다

AI가 정보를 복제하고 콘텐츠를 순식간에 만들어 내는 시대에도 인간이 지켜야 할 핵심 역량은 여전히 나다움과 질문력이다. 기술이 아무리 급속도로 발전해도 진정한 공감과 스토리텔링은 인간만의 영역이다. "나는 누구이며 무엇을 위해 창작하는가"라는 물음에 답할 수 있는 존재는 결국 인간뿐이기 때문이다. 질문하는 사람이 시대를 설계한다. 복제된 생성물들 속에서 자기다움을 발견하고 그것을 더 나은 세상과 연결하는 여정이 바로 AI 시대 라이프 크리에이터의 진짜 미션이다. 오늘 어떤 질문으로 당신만의 길을 시작할 것인가?

AI와 미래 의사?

나의 콘텐츠는 무엇을 돕는가? 어떤 질문에 답하는가?

사람들에게 선택받고 오랫동안 사랑받는 콘텐츠에는 공통점이 있다. 단순한 정보 전달이 아니라 구체적인 질문에 답하고, 또 다른 질문을 만들어 낸다는 점이다. 특히 두 가지 질문에 집중해야 한다.

첫째, 고객의 질문에 직접 답하는 것이다. 고객은 항상 "이 정보가 나에게 왜 필요한가?", "이 상품이 내 문제를 어떻게 해결해 주는가?"라는 질문을 던진다. 콘텐츠는 이러한 고객의 질문에 명확하게 답해야 한다.

둘째, 자기 이해를 위한 질문이다. 콘텐츠 제작자는 "나는 누구인가?", "왜 이 일을 하는가?", "이 활동이 나에게 어떤 의미인가?"와 같은 자기 인식의 질문을 던져야 한다. 브레네 브라운은 《마음 가면을 벗어라》에서 이러한 질문과 자기 성찰이 진정한 리더십과 브랜드 형성의 핵심이라고 강조했다.

AI 도구는 이 과정에서 큰 도움을 줄 수 있다. 챗GPT와 같은 AI를, 반복적인 질문과 답을 체계적으로 정리하고, 사고의 깊이를 더하는 도구로 활용할 수 있다.

퍼스널 브랜드는 자기 자신을 깊이 이해하고, 작은 확신에서 출발하여 명확한 메시지와 지속 가능한 브랜드,

그리고 다양한 수익화 모델로 연결되는 유기적 흐름이다. AI 기술은 이 여정을 더욱 효율적으로 만들지만, 궁극적인 성공은 개인의 진정성과 일관성, 그리고 지속성에서 비롯된다. AI 시대, 나만의 스토리와 질문으로 콘텐츠를 만드는 과정은, 결국 획일된 삶, 복제된 생성물들 속에서 자기다움을 발견하고 그것을 사람들이 바라는 더 나은 세상과 연결하는 여정이다.

AI 시대의 핵심 경쟁력, '나다움'을 발견하고 표현하라

나다움은 단순히 '나 자신을 있는 그대로 받아들이는 것'을 넘어, 자신의 가치관과 철학을 콘텐츠에 명확하게 드러내고 지속적으로 표현하는 과정이다. 기술은 결국 복제될 수 있지만, 각자의 삶에서 축적된 경험과 깊은 내면적 통찰은 누구도 복제할 수 없다. 인간만이 가질 수 있는 이런 독창성은 오히려 AI 시대에 강력한 경쟁력이 된다.

마케팅 구루 세스 고딘은《보랏빛 소가 온다》에서 "붐비는 시장에서 남들과 비슷한 것은 실패나 다름없다"며, 주목받을 만한(remarkable) 특별함이 없다면 시장에서 보이지 않는 존재가 된다고 강조했다. 나답다는 것은 남들과 다르게 나만의 뚜렷한 색깔과 메시지를 가지고 이를 적극적으로 표현하는 것이다. 나다움의 지속적인 탐구는 비슷비슷한 AI 생성물이 넘쳐나는 시대를, 압도적으로 주도할 수 있는 핵심 전략이다.

AI가 복제할 수 없는 것은 '진정한 공감'과 '스토리텔링'

AI가 효과적으로 처리할 수 있는 분야는 점점 늘어나고 있지만, 여전히 감정과 공감을 기반으로 한 커뮤니케이션, 윤리적 판단, 복합적 인간관계 또한 인간만의 고유한 영역이다. AI는 데이터와 알고리즘을 기반으로 패턴을 반복하거나 효율적으로 정보를 처리할 수 있지만, 독창적인 감정 표현이나 깊은 인간적 공감을 만들어 내지 못한다.

이 때문에 진정성 있는 공감과 감정을 담은 스토리텔링은 AI 시대의 가장 강력한 차별화 수단이 된다. 진정한 스토리는 인간적이고, 진정성 있으며, 경험을 기반으로 한다. 따라서 자신만의 경험을 이야기로 풀어내고, 진정성을 담은 콘텐츠를 지속적으로 제공하는 것이 AI 시대에 지속 가능한 성장 전략이 된다.

질문하는 사람이 시대를 설계한다

기술이 급격히 발전하면서 AI의 활용은 필수가 되었지만, 궁극적으로 시대를 주도하는 것은 인간적 가치와 지속 가능한 성장 전략이다. 스마트폰이 대중화된 것처럼 미래 어느 시점에는 모두가 지금의 스마트폰처럼 AI를 다루는 날이 올 것이다. 그렇다면 단순히 기술을 잘 다루는 사람보다는 그 기술을 통해 인간의 삶을 더 의미 있고 풍요롭게 만들 수 있는 사람이 필요한 것만은 분명하다.

AI가 방대한 데이터를 빠르게 분석하고 처리할 수는 있지만, 그 데이터를 어떤 방식으로 활용할지 결정하는 것은 인간의 몫이다. 즉 정보가 아닌 '의사 결정'과 '판단'이 중요한 시대다. 이러한 판단과 결정은 결국 어떤 질문을 던지느냐에 달려 있다.

질문을 잘 던진다는 것은 단순히 정보를 얻는 것이 아니라 새로운 인사이트와 혁신을 만들어 내는 사고 과정이다. "왜?", "만약?", "어떻게 다르게 할 수 있을까?" 같은 질문은 문제의 본질을 다시 생각하게 하며, 기존의 프레임을 넘어서 새로운 접근을 가능하게 한다. AI는 정보를 효율적으로 처리하거나 콘텐츠 제작을 빠르게 도울 수 있지만, 이를 통해 만들어진 콘텐츠에 인간적 가치와 진정성을 부여하는 것은 오직 인간만이 할 수 있다.

지금, 당신은 어떤 질문으로 하루를 시작할 것인가?

결국 하루를 시작할 때 어떤 질문을 던지느냐가 중요하다. "오늘 나는 어떤 가치를 세상에 전달할 수 있을까?", "나는 어떻게 나답게 살아갈 수 있을까?", "나는 어떤 미래를 설계하고 싶은가?"와 같은 질문이 삶과 콘텐츠의 방향을 결정한다.

AI 시대, 라이프 크리에이터는 질문을 통해 시대를 주도하며, 기술을 활용해 자신의 본질적 가치를 표현하고 지속 가능한 성장을 이끌어간다. 결국 질문하는 사람만이 시대를 적극적으로 설계할 수 있다.

당신은 오늘, 어떤 질문으로 당신만의 고유한 길을 개척하며 시대를 설계할 것인가?

질문이 남긴 흔적, 나답게 살아낸 증거

이 책은 단순히 AI 시대의 도구 활용법을 알려 주는 해설서가 아니다. 변화하는 기술 환경 속에서도 자신의 방향을 잃지 않고 살아내기 위한 질문의 힘에 관한 이야기다. 질문은 곧 존재의 선언이며, 우리가 어떤 질문을 던지느냐에 따라 삶의 궤도는 달라진다.

'나답게 살아가는 일'은 더 이상 감성적인 말이 아니라 생존 전략이 되었다. AI가 우리의 일과 사고방식을 빠르게 대체하는 이 시대에, 인간에게 남은 본질적인 경쟁력은 자신만의 정체성과 판단력, 그리고 질문력이다. 콘텐츠를 만들고, 브랜드를 설계하며, 일상을 다시 설계하는 그 모든 과정은 결국 "나는 누구인가, 무엇을 위해 살아가는가"라는 질문으로 귀결된다.

당신이 이 책을 덮는 지금, 새로운 시작점에 서 있기를 바란다. '나는 어떤 질문으로 하루를 시작할 것인가'라는 단 하나의 문장만이 남더라도, 그 질문이 당신의 삶을 다시 깨어나게 할 수 있다면, 이 책이 존재한 이유는 충분하다.

당신만의 질문을 품고, 당신만의 리듬으로, 당신만의 속도로.

AI가 대신 살아 줄 수 없는 삶을, 오늘도 당신답게 살아가기를 바란다.

김연지

11년차 CBS 기자 출신이자 현재 IT 회사 홍보팀장이다. 기술과 사람을 잇는 실전형 AI 커뮤니케이터다. AI와 콘텐츠를 '물 흐르듯' 일상에 녹여 내 누구나 쉽게 활용할 수 있도록 돕는 강의와 글을 전하고 있다. 현재 기업과 학교에서 실용적인 AI 교육과 콘텐츠 전략 강의를 진행하며, 유튜브 '기자김연지' 등 다양한 SNS를 통해 11만 명이 넘는 구독자와 소통 중이다. 누구나 실행할 수 있는 실전형 AI 교육과 콘텐츠 전략 코칭을 통해 '나답게 일하고 살아가는 법'을 함께 실험하고 있다.